U0896774

高情商不尬聊

小鹿情感
吕梦龙 著

江苏凤凰科学技术出版社

图书在版编目（CIP）数据

高情商不尬聊 / 小鹿情感，吕梦龙著 . -- 南京：江苏凤凰科学技术出版社，2018.9（2019.8 重印）
ISBN 978-7-5537-9391-7

Ⅰ . ①高… Ⅱ . ①小… ②吕… Ⅲ . ①心理交往 - 语言艺术 - 通俗读物 Ⅳ . ① C912.11-49

中国版本图书馆 CIP 数据核字 (2018) 第 147129 号

高情商不尬聊

著　　者	小鹿情感　吕梦龙
责任编辑	葛　昀
责任监制	方　晨
出版发行	江苏凤凰科学技术出版社
出版社地址	南京市湖南路 1 号 A 楼，邮编：210009
出版社网址	http://www.pspress.cn
印　　刷	天津旭丰源印刷有限公司
开　　本	880mm × 1230mm　1/32
印　　张	7.5
版　　次	2018 年 9 月第 1 版
印　　次	2019 年 8 月第 3 次印刷
标准书号	ISBN 978-7-5537-9391-7
定　　价	39.80 元

图书如有印装质量问题，可随时向我社出版科调换。

愿大家的爱情，都能得偿所愿

自从创办“小鹿情感”以来，我们累计帮助过 1000 万以上的注册用户，解决了他们遇到的情感问题。

在男性用户中，不懂得与女生沟通是最高频的用户疑难问题。

在成长路上，有人教导我们考高分技巧、职场技能、保健之道、赚钱方法、安全驾驶……但唯独没有人教育我们怎么去沟通和表达爱。

或许你正在某个角落偷偷地翻看着这本书，毕竟让别人知道你想透彻地了解女生这件事情本身或许会让你陷入尴尬的境地，但其实比起那些自认为懂女生的男人，你比他们更加坦诚。

是的。坦诚是跟女生相处过程中最重要的特质。它看起来简单，其实做起来真的很难。有些男人的爱情经历是一部“猥琐”的感情史。他们总是尝试去掩饰自己的欲望和喜怒哀乐，希望在喜欢的女生面前表现得完美。但这样做其实恰恰相反，它是最糟糕的策略，因为女生的“雷达”总能识别男人的“伪装”。

你有没有遇到过，不知道怎么跟女生聊天？

在这本书里，我们将介绍跟女生聊天时的关键原则，这些原则可以帮助你高效快速地让你喜欢的女生喜欢上你！

或许你跟我一样，遇到过下面这些情况：

不知道怎么跟自己喜欢的女生聊天，每次在微信上发一句话之前，都纠结得不行，担心效果不好；女生的回复不冷不热；发了一大段文字过去，换来的仅仅是她三言两语的回复；不知道该怎么点评她的朋友圈，才能让她觉得我并不是那么刻意地讨好她，进而能够跟她开启自然的对话……

如果一个男生在当今社会无法很熟练地掌握跟女孩子互动聊天的方法，那他在跟女生谈恋爱的过程当中就可能寸步难行。

更糟糕的是，如果你无法掌握跟女生聊天的方法，那么你将处于择偶竞争中的劣势地位，难以跟其他男人站在同一水平线上去争夺你心仪女生的芳心。

因为自己无法判断女生对你此刻的态度，而给她发了不该发的短信，可能会让你自己抱憾终身。

我有方法，甚至有让女生主动找你聊天的方法。

这本书里面有很多跟女生沟通的方法和技巧。如果使用得当，它们在沟通过程中可以起到润滑剂的作用，让你在跟女生沟通的时候不至于无言以对。

但请记着这句话，女生之所以最终喜欢你，并不是因为你能说会道，而是你坦诚的本质，以及你所能给她带来的积极正向的生活和世界。

希望这本书能够帮助你，让你喜欢的女生喜欢上你。

也祝愿你的爱情，能够得偿所愿。

小鹿情感创始人
巫家民

目录

Contents

第四章／打动芳心只需一面

第五章／那些聊天“大神”的约会技巧

第一章

不会聊天，怎么搭讪

Chapter1

聊天看似简单，实则是一门技术活。它是传递和交换两人或多人情绪、态度、思想的媒介，也是展示彼此价值的一种重要方式。

在男女两性关系中，从开场搭讪到邀约见面，关系随之逐步升级，对广大男生而言，**聊天始终都是走近异性的最简单、最直接，也是最有效的方法。**

实际上，在不同的聊天情境中(包括场合、时机、对象和阶段)，男生想要和女生开启有效聊天模式，拥有一段精彩美妙的聊天体验，就需要了解聊天的核心因素，利用灵活独特的话术技巧和相关的应对策略，才有可能达成预期目的。

巧妙制造情绪波动

L e s s o n

一些外表忠厚老实或者做事“中规中矩”的男生，频频在女生那里领到“好人卡”；

和女生经历长时间的感情拉锯战，彼此关系却依然得不到任何改善和提升；

对女生“无事献殷勤”，时常嘘寒问暖，却始终得不到她的明确表态；

很多男生费尽心机，为女生做的一切事情全部“劳而无功”，原因究竟是什么？

事实证明，他们中的很多人都没有在聊天过程中给女生带来足够强烈的情绪波动，没有让女生体验到丰富的情绪反差。

大多数女生都是“情绪思维动物”

你是不可能说服一个女生喜欢上你的。

看到劫匪，你可能会产生恐惧；看到孩子，你可能会产生爱心……与这些本能感受一样，“喜欢”也是一种情绪反应，无法受理智左右。

所谓情绪，泛泛地讲，就是人的多种思想和行为综合产生的心理和生理状态。具体来说，指的就是喜、怒、哀、乐、悲、恐、惊等显而易见的情绪，以及羞耻、惭愧、自豪、嫉妒等细腻微妙的情绪。

相较男生，大部分女生更容易受到情绪的影响。很多女生处于一种特殊的情境中，读到一段感人的文字，或是看到可怜的动物时，都能够自动带入情感并即刻感受到忧郁、伤感等情绪。例如，在电影院里，你经常能看到（或者听到）女生被电影情节感动而哭泣的场景。

情绪虽然无法被说服，但它是可以被制造的。在男女关系中，与女生聊天的核心就是要调动起女生的这种即时情绪①。

当你和女生在一起聊天的时候，如果话题和气氛都很平淡，女生的表情一直是“波澜不惊、宠辱皆忘”的，那她的情绪就如

①即时情绪：指在自然环境下对某种现象表现出的真实情绪。

同一条水平线，没有任何波动，这种聊天是很难在女生心里留下深刻印象的。

但如果你能适当地“刺激”女生，时不时地令其激动、兴奋、好奇、悲伤，甚至让她适度“愤怒”，在一种“打情骂俏”的环境中，她的情绪像在坐过山车，有高低起伏，有跌宕回环，那么女生就有很大的可能会想要和你一直畅聊下去。

情绪波动是怎么产生的

情绪的英文是emotion，你可以把它理解成“energy in motion”（运动中的能量）——情绪是可以感染和传达的。

很多男生说自己没钱，女生因此不愿意和自己聊天。其实，你们都想错了，难道女生和你聊天，你就把钱给她们吗？要记住，女生不愿意和你们聊天（或者是聊天不顺畅），绝大部分原因都是因为你们没有让她在情绪上产生波动。

如何才能产生情绪波动呢？给女生送名牌包包、数码产品，或者请她们吃一份昂贵的大餐，抑或喝一瓶价钱不菲的拉菲？

显然，大部分女生都不会只因为牛排很好吃或者拉菲很贵，就跟你畅聊几个小时的，因为以上这些行为都不能让女生的情绪产生有效波动。只在意形式，忽略了沟通的本质，是大部分男生和女生聊天困难的原因。

什么样的沟通才是有效的情绪沟通呢?

不要一味地讨好女生，同时也不要给她传递会带来负能量的情绪，你要做的是用欢快、认同、愉悦、忧伤等各种情绪去刺激她。她受到了这些刺激，她的情绪就会产生波动。

与女生聊天互动时，一会儿让她高兴，一会儿让她焦躁，一会儿让她兴奋，一会儿让她着迷……能否引起这种情绪上的波动，才是你聊天成功与否的关键。

在聊天过程中，充分利用情绪张力，引导女生进入你营造的聊天氛围当中。

引爆情绪波动的方式

(1)打压

所谓打压，就是在情绪上“推开”女生。通常情况下，我们期望通过打压在无意间展示自己对女生没有企图心，让她怀有失落的情绪，转而努力争取你的注意。

例如:

男:“宝贝儿，别难过。”

女:“好的。”

男:“因为我看到你哭的样子，我也会难过。”

女：“这么心疼我啊！”（害羞的表情。）

男：“不是，你哭起来的样子太丑，我看着好难过。”

女：（咒骂的表情。）

又如：

“你看起来还挺有趣的，等我到了我爷爷的年纪，应该会挺喜欢你的。”（微笑脸。）

“你今天穿的裙子真好看……我前几天也看到同事穿过一条一模一样的。”

“唉，我们永远也不可能在一起……你真的不大会切水果。”

（2）神秘感

你与女生聊天时忽然沉默不语，或者将注意力转移到其他地方，这往往更能刺激女生的情绪，让她猜测你到底在想什么，以及你对她的态度究竟怎样。

“得不到”的心理有效刺激了女生的情绪，在她非常期待的时候，她无法获得自己想要的答案，而在她对此失望时，你又及时给予她想要的。

例如：

男：“其实，刚认识你的时候我就产生了一种感觉……”

女：“什么？”

男：“现在不能说。”

女：“说嘛！”

男：“以后你就知道了，有一天会告诉你的。”

（3）推拉

推拉是一种较为简单的刺激女生情绪的技巧。它指对女生交替释放有兴趣和无兴趣的信号，让她时而感觉你很在乎她，时而又感觉你心不在此。

例如：

男：（突然深情地望着女生的眼睛。）

（这是一个“拉”，男生在向女生示爱。）

女：“你在看什么？”

（突然意识到男生的深情，略有害羞。）

男：“你吃饭的样子……”

（故意拖长话音，留下悬念。女生根据你之前的反应，肯定以为你要夸耀她。继续巩固女生的正面想象，保持她的好奇心。）

女：“怎么了？”

男：“有人说过你吃饭的样子很奇怪吗？”

（语气平淡。这是一个“推”。）

女：“哼，你才奇怪。哪里奇怪？”

（女生的情绪出现波动。）

男：“不过，是可爱的那种奇怪。”

（这是一个“拉”。）

女：“真的吗……哼，才不信你呢！到底有什么奇怪？”

（女生的情绪继续波动。）

男：“有时候我会想起我可爱的奶奶。她说话漏风，吃饭的时候也是。”

（这是一次“推”。）

女：“你真讨厌！”

（女生情绪起伏，完成一次有趣的体验。）

以上过程，是一个完整的“推拉”示范，而且这种技巧可以无限延长并发展下去。

对冷场说"NO"

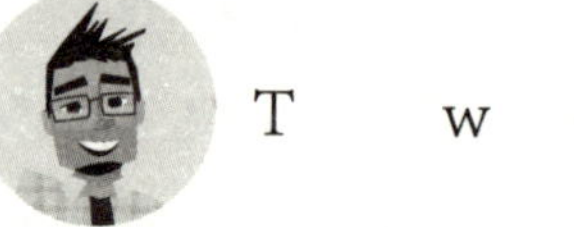

L e s s o n T w o

对于恋爱经验不多的男生来说，与心仪的女生见面（或者通过社交软件）聊天，一旦控制不住场面，或者对女生缺乏足够的了解，准备工作做得不足，无法找到彼此共同的兴奋点，那么两人之间很快就会出现冷场的尴尬局面。

出现冷场很正常，关键是你应该掌握快速化解"寂寞相对无言"的方法。

快速化解冷场局面

（1）善于寻找话题来源

①从你们的周边环境中寻找话题来源。线下聊天时，周围的人群、车辆、商场、广告、声音、天气、商品信息等都能助你打开话题思路，丰富聊天框架；线上聊天时，热播的影视剧、流行时尚、网络红人、重大新闻、有趣的应用软件、网络文章等，也是你可以加以利用和改编的聊天素材。

例如：

男："小心。"

（边拉住女生边说。）

女："怎么了？拉我干什么？"

（女生看了你一下，表示疑惑。）

男："地上有只蚂蚁，别把你绊倒了。"

②从女生的身上寻找话题来源。与你聊天的女生本身就是一个巨大的话题来源库。你可以根据女生的身材、相貌、名字、职业、气质、网络展示面（网名、昵称、签名、头像、动态等），甚至从她的情绪波动及最近的行程安排中主动寻找话题，拓展聊天路径。

例如：

男："我发现你有一个优点。"

女："什么优点？"

男："你夸我一下我就告诉你！"

女："你很帅。"

（一般女生都会夸你的，只要夸你就行了。）

男："我就说嘛，我看人是不会错的，你这孩子最大的优点就是诚实！"

又如：

男："你好像某位演员……"

（看着女生，停顿一下。）

女："是吗？谁啊？"

男："你的侧面很像范冰冰，真的很像。"

女："是吗，好像是有点儿。"

男："还好我也看到你正面的样子了，看到正面后，我一下就忘了你侧面像谁了……"

（一定要根据女生的面部特征描述，无中生有反而不美。）

③从自身寻找话题来源。你对自己的经历和故事（或者是你听说的）是最熟悉的。调整一下思路，选择其中你最熟悉、最拿手且又能引起女生兴趣的话题，如童年糗事、工作趣事、家乡风土人情、家人朋友的故事等，只要你拿捏得当，讲述得生动有趣，就能将聊天氛围带动起来。

例如：

男："你知道吗，今天早上发生了一件神奇的事……"

女："什么事？"

男："早上刷牙时，我对着镜子念了一句咒语'魔镜，魔镜，谁是这个世界上最帅的帅哥'，神奇的事发生了！我在镜子里面看见了我自己！"

又如：

男："今天我去献血了。"

女："哇，高尚……"

男："但是我遇到一个比我高尚一百倍的人。"

女："怎么了？"

男："人家护士说，献血，200 毫升送一副修指甲的用具，400 毫升送个手表，然后有个排队的人就问护士献 1000 毫升送什么，护士淡定地说送个棺材……"

④从你和女生的交集上寻找话题来源。比如，你们共同喜欢的某位明星，都去过的某一旅游景点，都玩过的某一款游戏，都读过的某一本书，都学过的专业，都经历过的某一大事件，都喜欢的某类 App 等，都是拓展聊天场景、深化聊天内容、增强彼此情感共振的好方法。

同样的生活体验和价值取向，能有效地化解两个人之间令人尴尬的冷场局面。

例如：

男：“我们曾经去过同一个地方，在不同的时刻留过影。”

女：“什么地方啊？”

男：“泰国。”

女：“你什么时候去的啊？”

男：“四年前，那时候还没有《泰囧》。”

女：“那比我去得早。”

男：“所以你踏着我的足迹，冥冥之中受到我的指引，走了我走过的路……”

⑤运用关键字词联想法，通过女生给出的有限内容来制造新的话题。

例如：

男：“你业余时间都在干什么？”

（提出话题。）

女：“我业余时间很少出门，都是在家待着，看看电视……”

（提供关键词“看电视”。）

男：“那现在在追哪部电视剧呢？”

（从关键词引出新的话题。）

又如：

男：“你吃了吗？”

（提出话题。）

女：“吃了啊！”

男：“吃什么了呀？”

（由关键词“吃”引出问题。）

女：“糖醋里脊。”

男：“是你自己做的吗？”

（由关键词“糖醋里脊”引出问题。）

女：“我当然不会做饭了，从外面买的。”

（提供关键词“买”。）

男：“你不会做饭啊，那以后怎么嫁得出去啊？”

（从关键词“做饭”引出新关键词“嫁”。）

女：“不想做，以前都是爸爸做的。”

（提供关键词“爸爸”。）

男：“那是以前，现在是现在，你已经长大了啊……”

（2）善用“冷读术”

冷读术是一种流行了很久的心理游戏。意指在双方还未互相了解的情况下，通过观察一些细节，模糊地描述出对方的性格、心理状态，甚至包括一定的生活状态。

实际上，冷读属于一种猜测。你需要通过观察女生的穿搭风格、言语特征、情绪波动、聊天内容等方面的信息，对她们进行判断。

这种做法的目的不是要百分之百猜对女生的信息，而是在对话中掌握一定的主动权，令女生逐步敞开自己的心扉，为你的后续聊天提供更多有价值的信息。

例如：

“我感觉你是一位极度缺乏安全感的女生，因为你会不时地将两手环抱在胸前。不过我觉得你现在完全不必如此紧张，毕竟我长得可不像坏人……”

或者：

“我觉得你是一位善解人意的女生，所以你身边的朋友应该很多，但你并不是非常在乎，因为真正懂你的人并没有几个。”

“虽然你在努力给人一种很成熟的感觉，但是从一些小细节方面，我依然可以看出你稚气的一面。其实，你是渴望真实地表达自己吧，因为戴上面具，总会让人感觉非常疲惫。”

又如：

男：“嗨！”

女：“哈喽！”

男：“来做个测试吧！”

女：“什么？”

男：“你觉得男人穿西装帅，还是不穿西装帅？”

女：“西装吧！”

男：“那你应该是一个温柔的女生，渴望一个像父亲一样的男人给你带来安全感。”

女：“哈哈，好像是这样……”

在冷读过程中，男生切记不要轻易触碰女生敏感的私密空间，不要向女生炫耀你冷读技术的高超，要学会倾听，要让她在无压力的状态下畅所欲言，进而建立一个让彼此都感觉舒适的聊天环境。

（3）善于发现女生隐藏起来的核心需求

女生在聊天中所说的内容，与其内心真实存在的核心需求，可能存在着很大的差距。如果你不能察觉出那种核心需求（如需要情感安慰、获得安全感、满足虚荣心、需要呵护关爱等），就无法完全调动女生的情绪和兴趣，彼此的聊天就变成了味同嚼蜡般的对谈，自然而然就冷场了。

所以，你必须多主动接触女生，通过不断地聊天实践活动，锻炼自己敏锐地从她们的言谈举止中察觉出其独特、强烈、真实需求的能力，从而进行有针对性的聊天，这样才能让聊天变得更和谐，更有效率。

例如：

女：“……咱们工作的地方离得挺近的……”

（这可能是在暗示你们既然离得那么近，你可以约她去吃饭或者看电影。）

或者：

“我觉得我有点胖。”

"我的发型好难看啊！"

（以上可能是在暗示你需要夸她漂亮。）

（4）小技巧的大用处

在聊天中巧妙运用一些聊天小技巧，如角色扮演、开放式圈套[①]等方式来化解冷场的局面。

例如：

女："你今天怎么过来的？"

男："真是一言难尽。"

女："怎么啦？"

男："太郁闷了……你不会想知道的……"

女："到底怎么了，我想听听……"

这就是一个利用开放式圈套，让女生紧紧跟随你的节奏，进入既定聊天框架的案例。

谈资丰富才能游刃有余

上文提供的仅是"临时抱佛脚"式的避免冷场的聊天技巧，如果

① 开放式圈套：在约会学中，它属于让女生开始进行奖品追逐的一种形式。简言之，就是在对话中包括没有说明的想法、故事、情绪或者感觉，从情感层面上激发女生来追逐男生的方法。

你想要从根本上避免冷场情况的发生，关键是要在聊天开始前就做好功课。

①学会讲故事。有感情、有细节、有情节起伏、有画面感、有趣味，且能展示个人价值的短故事，大部分女生都会感兴趣。

②打理好你的“朋友圈”。对于周围亲朋好友的生平经历、兴趣爱好、奇闻逸事做好观察和记录。

③不断积累聊天素材。女生的年龄、职业、爱好和关注点不同，她们感兴趣的话题也必不相同。因此，你必须利用好平时时间积累、归纳、整理相关素材，这样才能在聊天时做到有的放矢、言之有物。

④积极反思并总结经验教训。在与女生聊天中出现的过失，你都需要积极反思、总结，将其内化为自身的宝贵经验。

⑤学习恋爱达人的聊天思维，锻炼聊天技巧，修正自己的聊天思路。在和女生聊天的过程中，你可能会遇到各种意想不到的情况，因此和恋爱达人学习系统性的聊天思维，是快速提升你聊天能力的有效途径。

有趣是最好的“良药”

L e s s o n T h r e e

绝大部分女生都是感性的，无论在现实世界中，还是在虚拟空间里，想要拉近和女生之间的距离，让她们对你印象深刻，用有趣的方式（文字、语音）跟她们交流，往往会事半功倍。

“笑”是统一你和女生情绪的第一步。人类的心理在很大程度上是非常具有一致性的，你不可能在被一个人逗笑的同时，又十分讨厌他，从这一点来讲，让女生“笑”是让她们对你产生好感的有效方式。

通过风趣幽默的聊天将女生逗笑，诚然不能让女生马上就变成你的伴侣，但多数女生显然是不会拒绝和一个有趣的男生聊天约会，甚至升级彼此关系的。

让你瞬间“发光”的幽默技巧

①**误解式幽默**。它指的是对字的音、义、形、语法和属性等进行故意曲解进而制造幽默的方式。

例如：

男：“你是什么血型的？”

女：“我是O型血。”

男：“这样啊，我有点意外。”

女：“那你觉得我是什么血型的呢？”

男：“可爱型。”

又如：

男：“刚去楼下买口香糖，看到益达的广告，我觉得特奇怪。”

女：“有什么奇怪，我觉得很浪漫啊！”

男：“哪里浪漫了？像两个犯人在分赃似的。”

女：“怎么说？”

男：“这是我的一沓，这是你的一沓。”

女：“哈哈……”

又如：

男：“我曾经喜欢过一个学医的女孩。”

女：“学医的不错啊！”

男："一天，我偶然和她上了一节课，那天老师不知怎么想的，开始讲如何下药让丈夫发生不明原因的猝死：有半年见效的吃法，一年见效的吃法，还有十年见效的吃法。看着她认真做笔记的样子，我认真考虑了下，觉得我和她还是比较适合做朋友。"

女："哈哈……"

又如：

男："你是冬天生的，还是夏天生的？"

女："我是春天生的。"

男："哦，我还以为你是你妈生的呢！"

女：（咒骂的表情。）

又如：

男："如果我们是一对结婚多年的夫妻，睡到半夜，我突然转过身抱紧你，说这辈子（被子）太短了，你会怎么样？"

女："额，我会很感动吧。"

男："这有什么感动的啊，我都冷得盖不住脚了。"

女："哈哈……"

②夸张式幽默。这种幽默是对人和其他事物进行夸张性的表述，使之变形到可笑的程度。

例如：

女：“我长得漂亮吗？”

男：“漂亮得空前绝后，整条街的颜值都被你拉高了。现在跟你聊天，我都能感觉自己每一秒都在变得更帅……”

③意外式幽默。一般是通过反差来制造意外，通常都是对人物以及其他事物进行超乎常理的表述。

例如：

男：“你喜欢小狗吗？”

女：“喜欢啊！”

男：“我家有只狗，被我爸妈各种嫌弃，我想送给你养好吗？”

女：“什么品种啊？拍张照片给我看看。”

男：“我也不知道是什么品种，不过大家都叫他单身狗。”

（发一张自己帅气的照片过去。）

又如：

男：“我有一个朋友，女的。进了一家外企，他们老板长得特帅。她就想，电视剧里的老板都喜欢‘傻白甜’，于是她就故意犯各种小错误，希望老板能注意她，帮助她。”

女：“那她成功了吗？”

男：“成功了啊！一个月后，她还收到了老板的一封信……”

女：“这是演韩剧呢！”

男："这是中国电视剧，那是一封辞退信。"

女："哈哈，这才是现实啊！"

又如：

男："有一次我和朋友去旅行，发生了件特别尴尬的事儿。"

女："怎么了？"

男："当地人喜欢拿童子尿煮鸡蛋，觉得童子尿纯净、养生。"

女："哈哈……然后呢？"

男："老乡特别热情，非要拿一个鸡蛋给我朋友吃。我朋友百般推辞无果，只好说：'我不喜欢吃鸡蛋。'你猜主人说什么？"

女："说什么呢？"

男："主人说：'没事，那你喝点汤吧。'"

女："哈哈……"

④调侃式幽默。顾名思义，就是通过调侃的方式实现幽默效果。

例如：

男："其实啊，在我心目中，你已经是个十全八美的人了。你知道你缺哪两美吗？"

女："哪两美啊？"

男："外在美和内在美。"

又如：

男："最近练车，我认识了一个漂亮妹子。"

女："怎么了？发生故事了？"

男："没……"

女："那怎么了？"

男："昨天她给我打电话，问我怎么这么久都不来练车了。我还以为她想我了，结果她接着说：'你快来吧，你不来，教练就只盯着我一个人骂。'"

女："哈哈……"

⑤**自大式幽默**。很好理解，此方式就是让自己看上去"自负"，这也是一种有效的自我调侃手段。

例如：

女："你这照片看上去一点儿也不帅！"

男："你太没眼光了吧，我这样的长相你绝对找不到第二个！"

又如：

男："昨天我见到了世界上最帅的男人。"

女："谁啊？"（流口水的表情。）

男："我俩相视久久，始终没有打破这份平静。"

女："难道你俩一见钟情了？"（坏笑的表情。）

男：“没有，最后我放下了镜子，哈哈……”

女：“自恋狂！”

又如：

男：“我最近在看一本书。”

女：“什么书？”

男：“这是一本神奇的书，这本书拯救了我，教会了我很多道理。”

女：“什么书？我也要看。”

男：“不行，看这本书是有前提的……”

女：“什么前提？”

男：“书名叫《长得太帅的人如何与人相处》。”

女：“自恋……”

又如：

男：“其实很多人从小就夸我长得帅。”

女：“真的？”

男：“不是有句话是这么说的吗——人丑就要多读书。我妈和我舅舅，还有其他亲戚什么的，总是说我：‘一看你就不是读书的料！’其实我知道他们就是变相夸我长得帅。”

又如：

男：“感觉心里慌慌的。”

女：“怎么了？”

男：“刚才路过一家超市，超市门口几个阿姨对我指指点点的，好像在谋划什么。”

女：“你买了东西没给钱？”

男：“没有，我都不认识她们。”

女：“你没听到她们在说什么？”

男：“我悄悄打听了一下，她们好像在说：‘快拉住那个帅哥，别让他跑了，你家闺女都到了出嫁的年纪了，我看他就不错……’”

女：“哈哈，太不要脸了……”

又如：

男：“真郁闷，我的手机不小心落在出租车上了。”

女：“啊，给出租车公司打个电话吧！”

男：“可幸运的是，司机师傅竟然解开锁，打电话给我朋友让我取回手机了。”

女：“司机这么厉害啊？”

男：“可不么！我问司机：‘我的手机是人脸识别解锁的，您是怎么打开的啊？’司机说：‘我把手机对着吴彦祖的海报扫了一下，就解开锁了。’”

女：“服了，你这是变着法儿地夸自己帅啊！”

幽默习惯养成记

（1）提升你的感知能力和反应能力，不断增强自己的幽默感

在社交软件上或在现实中跟女生聊天时，你要把你全身的“传感器”都打开，尽可能地感受她在聊天文字上的细微差别，感知她情绪和态度的转变。你要随时准备调动自己的幽默细胞，因为很多机会是转瞬即逝的。如果你在合适的时机没说出某句话，过了几秒，可能就不再适合说了。

同时，不要害怕说出冷笑话，勇敢地尝试，幽默技巧能在不断练习中得到提升。

（2）真诚又有点小缺陷，敢于自嘲

高大上、毫无瑕疵的男生在很多女生看来是比较“假”的，有一种“拒人千里之外”的天然屏障。因此，你可以向女生有技巧地展示自己的一些小缺陷，通过自嘲表现出你的真性情以及自信、乐观的品质。

例如：

> 男：“其实，我以前个子挺高的，只不过后来因为洗澡太勤，缩水了。”

又如：

男：“减肥真是一件很痛苦的事情。”

女：“是啊，太痛苦了。”

男：“可是有一件比减肥还痛苦的事儿，你知道是什么吗？”

女：“是什么？”

男：“就是当你减下来后才发现，自己丑并不是因为胖。”

又如：

男：“小时候上英语课，我在课堂上睡着了，睡得有点迷糊，就闹了笑话。”

女：“你怎么了？”

男：“老师问‘知识是什么’，全班人都回答‘knowledge’，就我一个人特别大声地响应：‘力量！’”

女：“哈哈，好尴尬！”

男：“当时看着老师的眼神，我默默地低下头，立刻有了抄完一本单词书的觉悟。”

（3）有专属于你的独特标签，有明确的兴趣爱好

很多无趣的男生没有自己的兴趣爱好，也没有特长，生活无非是工作、家两点一线。枯燥的生活里是没有办法积累起有趣的谈资的。现在的女生见多识广，而那些漂亮女生每天在社交软件上或者面聊时要接收大量的信息，能让她们记忆深刻的多是个性独特、喜好明确的男生。

例如：

女："你是做什么工作的？"

男："我做进出口生意。具体来说……"

女："嗯？"

男："专门把你这样的女孩子卖到非洲去。"

女："哈哈……说正经的。"

男："好。我建了个网站，招募了许多漂亮的女孩子，让她们在网上教男人怎么谈恋爱。全世界的男人都会来看，包括非洲哦。所以，其实我也不算信口开河啊！"

（4）有自己的观点和主见

你用幽默的方式与女生聊天，目的不仅仅是为了让她们欢笑，更重要的是展现你的态度、观点，并起到影响女生情绪和主导聊天方向的目的。

所以，你自己要有一套能自圆其说的价值观，要有成熟的世界观，更要有自己的主见，不能人云亦云。这样的人，其人格才是独特有趣的，也容易招女生喜欢。

例如：

女：（说了一些自己的经历。）

男："你对这件事好像很在意，应该对你影响很大吧！"

又如：

女：（说了一件令她困惑的事。）

男：“你以前遇到过这种情况吗？”

又如：

女：（提到某个爱好。）

男：“这个好像很有趣，你是怎么喜欢上它的？”

（5）扩大你的知识面，增加人生阅历

想和女生聊天的时候有聊不完的话题，还想聊得有趣味，关键得依靠你不断积累的知识和丰富阅历。

多读书，多分析网上、杂志和影视剧里的段子，将其记录、改编并整理到你的知识库里面，这是提升自我幽默感性价比最高，也是最直接有效的方法。

行万里路，用你那颗好奇之心，尽可能地参与各种人生体验活动，主动与那些有幽默感的人聊天，将他们的幽默技巧为你所用。

例如：

男：“对了，我认识你的时候，记得你还在念大二。”

女：“对呀，我主修心理学。”

男：“啊？你在学校的时候有没有觉得学习压力很大？这个专业据说要看很多资料的。另外，是不是在学心理学之前必须先检查自己的心理是否健康啊？”

女：“不会啊！压力也还好，没有外面传的那么玄乎啦！”

幽默技巧使用须知

①不要令女生产生负面情绪。男生使用幽默技巧的目的是要引导女生产生积极、快乐情绪的，你的所作所为绝不是为了让她讨厌你。

②幽默话术的使用要看准时机，切忌过度使用。幽默只是你和女生在交往中的润滑剂，关键时刻使用一下可以起到事半功倍的作用；一旦使用过度，反而会让女生认为你幼稚或滑头，反而弄巧成拙。

③不要拿别人身心方面的明显缺陷进行调侃。在网络上聊天，你不可能了解女生的全部个人信息及她的价值观。稍有不慎，一旦撞到“枪口”上，你们之间的聊天很可能就彻底结束了。

④幽默是建立在正常聊天基础之上的。一定要在合适的时机和场合自然地表达出来，如果因为惦记着“幽默”而忘了聊天内容，打乱了聊天节奏，反而得不偿失。

“恋爱达人”的十条“军规”

Lesson Four

无论在线上还是线下，与初识的异性聊天时，男生通常处于主动或更为强势的一方，女生则相对含蓄、内敛和保守（个别“女汉子”除外）。因此，在此过程中，男生要学会控制自己的聊天内容，避免一些错误的聊天方式，从而让女生乐于和你聊天。

下面，我们就给男生盘点一些防止在常见聊天框架下被“打枪”的注意事项。

连续提问会给对方带来很大压力

正常情况下的愉快聊天是彼此信息互通共享的，如果你一味地让女生单方面提供其信息，就有可能打破这种社交平衡，令女生感觉不舒服，要么出现冷场局面，彼此再无法正常交流，要么聊天就直接结束了。

灵活使用话术

比如你正在和女生聊天，开始时一切正常，这时你想到了一种话术惯例——令自己看上去骄傲又风趣，于是，你直接来了一句“你很像我们家的一只猫啊”。此时，涵养较好的女生可能还会礼貌地回应几句，而大多数女生则会直接将你淘汰掉，因为在她们看来，你说话前言不搭后语，看（听）上去突兀且莫名其妙，甚至令她们感到极为尴尬。

为什么那些恋爱达人使用同样的“惯例”却能游刃有余，而你用起来却总显得“不合时宜”呢?

因为那些惯例都是恋爱达人们通过长时间的领悟甚至练习后总结出来的，他们能够将这些技巧与自身的学识、生活、工作、爱好和性情等融为一体，在与女生的谈话中自然而然地使用出来，这样当然会让女生看（听）上去自然、协调，也更能显示出男生的个性。

因此，多练习恋爱达人们的思维方式，然后结合自身实际情况，去创造出属于自己的“惯例”吧！

不要频繁使用打压技巧

很多男生在刚开始聊天时，喜欢不分对象、不分场合地对女生使用打压技巧。

我们换位思考一下：如果作为一名女生，你与一名男生聊得正高兴，他突然直指你的短处或弱点，给予你一定的打击，出于礼貌你一直隐忍不发，但每隔一段时间，这个男生就又来“戳”一下你的痛处，你还有跟这个男生继续聊天的兴致吗？

其实，所谓的“打压技巧”完全不能采用以上这种简单粗暴的方式。

对于那些“高分女生”“高傲的公主”，当她们在你面前展现高姿态时，你偶尔利用打压技巧，可以对她们进行有针对性、有限度的“弱点攻击”，你的目的是让女生和你处于一个相对平等的聊天状态。如果你完全不考虑每个女生的独特性情及彼此所处的环境，肆意使用打压，那你的聊天必然是失败的。

避免轻佻，更不能油嘴滑舌

有些男生在网络上看了一些聊天的案例和技巧，自认为收获很大，于是开始盲目地模仿使用。例如，跟女生刚开始聊天，男生就快速引入敏感话题，而女生对这类话题明显极为反感；或者彼此还没有聊到敏感话题时，男生就急不可耐地抛出那些令女生尴尬、为难的问题。

还有些男生与女生聊天时，油嘴滑舌、言语轻佻，这是非常容易招致失败的。女生正在跟你聊正经事，明显不想跟你开玩笑时，你忽然冒出一句自认为很“逗逼”的神回复，这种不合时宜、不管分寸的话在女生内心就等同于你是个不靠谱的人。

幽默调侃只是聊天中的一种调剂品，需要在适当的时机，把握好分寸并加以使用。

总之，想要彻底俘获女生的心，你不能通过敏感的话题拉近与女生的距离，也不能期望油嘴滑舌的话语能展现出你的魅力。你的真诚与修养才是打动她们的根本原因。

不要过度展示你的 DHV①

男生利用学到的 DHV 展示技巧，机械地展示给女生看，原以为会获得良好反馈，结果发现自己被女生“拉黑”了。

为什么会这样？因为男生根本就没有顾及甚至直接忽视了女生的实际感受。

你在社交软件（或者电话聊天、见面聊天）中长篇大论地讲述自己的故事，密集地展示你的 DHV，而女生的反应很平淡，甚至有些不

① DHV：即 demonstrate higher value，在约会学中，指展示高价值。多为在一种场景内增加男生感知价值的一个故事或行动，用于增加对异性的吸引力。

耐烦，这时你就应该立刻停止，好让你们的社交情境恢复平衡，彼此频率尽量保持一致。

你的高价值展示在聊天中必须是切实被需要的，且应该在旁敲侧击中通过潜移默化的方式展示出来。

避免渲染你“低价值”的一面

有不少“直男癌”在与女生聊天时，想当然地认为只要能逗她们开心、对她们敞开心扉，就能吸引女生，于是他们一股脑儿地将自己的囧事拿出来分享，什么打架斗殴、偷奸耍滑等极端负能量的话题，也作为谈资讲给女生听。

实际上，这些都是非常 DLV[①] 的展示。它只能证明你是个低价值的男生。跟女生聊这些话题，会给她们带来隐隐的不舒适感和不安全感，降低她们的聊天热情。

别人自信、活泼、激情，你自己却负能量满身，这样的你是绝对无法吸引女生的。

另外，你也不要总拿身边人的囧事来取悦女生，一次两次还显得有意思，总是这样，就会让女生认为你周围缺少高价值的朋友。

---

① DLV：即 demonstration of low value，在约会学中，指显示低价值。具体指的就是男生无意中所做的一些事情向异性传递了这样一种信息：他的社交价值低，或比他的恋爱目标的社交价值低。

等候对方回复信息时，保持足够耐心

相信很多男生在跟女生聊天的时候，都会遇到女生回复较慢、语气冷淡的情况。这时，有的男生就变得情绪极不稳定，甚至火急火燎地去质问女生，最后自然破坏了整个聊天进程。

例如，一个男生给女生发了一条精心准备的消息，过了半小时没有等到对方回复，情急之下，他连续发了多条信息追问。如果女生还不回复，他就开始坐卧不安、心绪不宁，甚至破口大骂。

事实上，女生不回复你的信息，原因无非以下几条：

①女生正忙着做其他事，没顾得上回信息；

②女生根本就没看见信息；

③女生在思考如何回复你；

④女生根本不想回复你。

无论出于哪种原因，你连发N条信息过去，都会显得你缺乏耐心，甚至是欠缺教养。

这时候你该怎么做呢？你可以过几分钟，给对方发个表情提醒一下；如果对方还是没回，那就间隔更长时间再问候一下。如果一直没有回复，那就可以选择放弃了。

不要聊女生不熟悉或不喜欢的话题

例如，大部分女生都对军事斗争、政治事件或游戏竞技等话题不太感兴趣，另外，一些歧视女性的话题更是你应该极力避免的。

同样，那些大部分男生不熟悉的话题，如护肤品、穿衣搭配等，如果你不擅长也应该尽量避免。

理解女生话语中的真实意思

如果你没有深刻了解女性聊天的意思和方向，请不要随意评价或者肆意歪曲她们的意思。否则，你的做法会破坏刚刚建立起来的聊天氛围，让彼此彻底无话可说。

情感宣泄要有度，避免单方面冒进

当你与女生刚认识或还不是特别熟悉时，那些细致琐碎的心理状态和过分强烈的情感表达都是你应该竭力避免的。在聊天中的单方面冒进，不仅不能引起女生的情感共振，反而会让女生处于极为尴尬的境地。

以上就是新手在聊天中容易出现的问题，需要大家特别注意，面对一些问题时做到灵活处理和有效把控，尽量避免陷入这些与女生聊天的“必死”陷阱中。

第二章

会聊更要会"撩"

Chapter2

当下，面对年轻群体的社交聊天软件层出不穷，无论是面向熟人关系链的微信，面向青少年群体的QQ，还是主打陌生人关系链的陌陌、探探，甚至是那些社交目的性极强的婚恋网站，它们都可以称得上功能繁多，使用便捷。理论上而言，这些聊天软件的出现应该为男生们拓宽了社交半径，提升了结交异性的概率。

但现实情况是，很多男生并没有从拥有无限创造性和想象力的虚拟空间中获得梦寐以求的结果，他们和女生之间的关系依然得不到有效改善。

这里面**除了男生自身的硬件问题外，更主要的是男生在话术技巧上的缺失，和对此技巧的漠视。**

这一章，我们就为广大男生详细介绍社交软件聊天的实用话术和操作技巧。

“男神”专属开场白

L e s s o n O n e

网络上，无论你是通过搜索附近的人、摇一摇，还是通过群聊、漂流瓶等方式找到了心仪的女生，想要和她们开启愉快的聊天之旅，现在似乎都变得不太容易了。

现在，很多出众的姑娘在社交软件上每天被搭讪无数次，对于那些普通的开场白，如“美女，你好”“可以认识你吗”等，她们早已不再“感冒”（开个玩笑，有高富帅展示界面的除外）。

在做好自身网络展示界面的同时，如何才能拥有一个良好的开场白呢?

六种经典开场白

以微信为例，你可以对女生发布的朋友圈状态，进行点赞及有价值的点评，引发彼此互动；也可以从她们已发布的文章中分析出女生的兴趣爱好、价值取向等，找到聊天素材；或者从她们的个人资料中找出有亮点、有独特个性的元素，进而引起话题等。

紧接着，你就可以将所有获得的关键元素整合起来，设计成巧妙、有趣、特别的开场白话术。

（1）利用网络展示界面制造开场白

①和头像、照片有关的开场白。

男："我觉得你应该赔偿我。"

女："什么？"

男："我被你的照片电到了，已经身负重伤……"

又如：

"你照片上穿的那件衣服好像……"

（女生一般都会好奇地追问这件衣服怎么了。）

或者：

"你微信照片上戴的那种项链，我曾经见过……"

"你的微信头像好有气质！"

“你的嘴唇真好看，不过……”

②和女生个人资料有关的开场白。

女生的个人资料，包括年龄、身高、姓氏、星座、血型等，男生只要用心，多半可以从中找到相关的、可以利用的开场元素。

例如：

“你养的宠物很可爱，多大了啊？”

（发现女生有宠物狗。）

或者：

“你的名字跟我某个朋友的名字是一样的。”

“天啊，你应该只有18岁吧！”

（女生年龄比你大却长得比较年轻。）

“你的头像看着一点儿都不像天蝎座！”

（引出星座话题。）

在女生微信朋友圈进行评论和互动，然后从中提取女生感兴趣的话题信息，作为开场白。

例如：

“我真为我们分开而伤心。”

（对方炫富。）

或者：

“不要再想我了，我现在很忙的。”

（对方发布了情感类内容。）

“亲爱的，你今晚睡沙发啊！”

（对方发布了室内场景照片，如沙发。）

（2）利用女生的活动半径制造开场白

如果你找不到关于女生的更多信息，可以利用微信定位功能（如三点定位法），查找在女生活动半径内的著名景点、标志性建筑，从中挑选有价值的开场白话题。

例如：

男：“我好像在哪里见过你……”

女：“嗯？哪里啊？”

男：“在 ×× 公园的门口……”

（如果女生否认，你也可以利用这个话题在内容上进行延伸。）

女：“我怎么对你没印象啊？”

男：“我当时正在车上……记得你个子挺高的，至少有一米七……”

女：“你认错人了，我只有一米六多。”

男：“这样啊，估计是那天我看的角度不对，要不你再发张照片给我，我看看是不是你？”

需要注意的是，无论你提取的开场白话题来自哪里，都要保障其具有一定的延伸性，能够不断产生新的话题，将对话不断向前推进。

（3）利用好奇心来制造开场白

好奇心是所有人类都具备的，女生也不例外。利用女生的好奇心制造开场白，也是不错的选择。

例如：

男：“有人说过你很奇怪吗？”

女：“没有啊，为什么这样说？”

男：“没有？噢，那就算了。”

女：“你为什么这样说啊？”

（表示好奇。）

男：“这么说可能不太好。”

女：“没事，你说吧。”

男：“你想听真话还是假话？”

（当女生以为你会说的时候，选择再次卖关子。）

女：“肯定是真话啦！”

男：“好吧！但你是一个小气的人吗，就是会记仇记比较久的那种？”

女：“还好吧，不算太小气。”

男：“你确定？”

（给她套上一个“她不应该生气”的框架。）

女：“嗯。”

根据之前和女生互动得到的信息，作出判断和冷读。因为之前的“推拉”环节所产生的效应，冷读可以选择那些会稍微刺痛女生，引起她略微不安全感的内容，这样就会让女生在接下来的互动中更积极地获取你的认同。

又如：

男：“所有的相遇都是久别重逢。”

女：（发出一个网络表情。）

男：“我不是说我们啊，我们应该是仇人。”

女：“为什么？”

男：“在茫茫人群中我一下子就看到了你，你上辈子肯定欠了我不少钱。”

又如：

男：“我知道你在干吗！”

女：“在干吗？”

男：“这是个心灵魔术，你得先夸我长得好看，我就告诉你，揭秘你正在做什么。”

女：“你好帅！”

男：“你在跟才貌双全的帅哥聊天！”

女：“天啊，你好自恋啊！”

男：“是你说我帅的啊，我这不是瞎说的吧！”

又如：

男：“你知道男人这辈子最悲哀的事儿是什么吗？”

女：“是什么呀？”

男：“我的一个哥们儿偶然看到女朋友的手机，发现他在对方手机里的备注是‘饿了就找他’。”

女：“哈哈……”

（4）利用打压来制造开场白

例如，男生观察到女生公开的照片里有佩戴假指甲或假睫毛的情况：

男：“你的指甲/睫毛很漂亮啊，是真的吗？”

女：“不是。”

男：“没关系，还是很漂亮的。”

利用打压来制造开场白的时候，你需要从女生身上找出“槽点”，并且，一定要记住，打压完之后还要把对方“拉”回来。

（5）利用夸张、曲解、幽默及赋格来制造开场白

例如：

男：“我发现啊，现在的女生……”

女：“什么？”

男：“都喜欢玩游戏。”

女：“什么意思？”

男：“加了好友却不愿意跟对方说话。你不是那种女生吧？”（赋格）

女：“哈哈……”

又如：

男：“说真的啊，你非常有耐心，愿意照顾别人的性格特别迷人！”（赋格）

女：“那必须啊，难道你被迷倒了？”

男：“嗯，你真是非常适合做个小保姆啊！我聘请你吧，月薪三千！”（释放）

女：“我才不做你的保姆！”

又如：

男：“好伤心……”

女：“怎么了？”

男：“今天接到我妈电话了。”

女：“那不挺好的么！”

男：“她问我回家吃饭不。”

女：“那不是挺关心你的么！”

男：“我说马上就回，然后就听到电话那头我妈对我爸说……”

女：“说啥呀？”

男：“‘孩子他爹，那剩饭先别喂狗了，儿子要回家吃饭！’”

女：“哈哈哈，这是亲妈啊……”

(6) 利用生活话题作为开场白

为了避免暴露过多的需求感，也为了避免将话题过于集中在女生身上，男生可以使用一些第三方话题来开场。

例如：

“超难吃啊！”

（发一张蛋糕店橱窗的照片给她。）

“它跟着我走了六十里路！”

（发一张小动物的照片给她。）

“孩子他妈，孩子想你了。”

（发一张小朋友的照片给她。）

“我一直想不通，为什么没有蓝色的米饭？”

“早上开门时发现门口有一朵玫瑰，也不知道是谁放的。”

又如：

男：“您的快递到了，请签收。”

女：“啊？我没有要收的快递啊！”

男："有的，寄送品单子上写着你收到的是一位集颜值、才华与温柔于一身的温柔绅士，我还有产品照片呢，不信给你看。"

（然后发一张自拍照片过去。）

又如：

男："我想问你个问题。"

女："什么问题？"

男："你觉得送女人什么礼物比较好？"

（女生说了一大堆自己的意见。）

男："我是准备送给我妈妈的。她快过生日了，我还从来没有给她送过礼物。"

女："你好孝顺啊！我还以为是送给你中意的女孩子……"

又如：

男："今天一个女生问了我一个问题，我感觉头都大了。"

女："什么问题？"

男："男人和女人，谁更喜欢说谎？"

女："当然是你们男的啊！"

男："你看，你在说谎！"

又如：

男：“问你一个问题。”

女：“什么？”

男：“你觉得男人喝醉时说的话能信吗？”

女：“怎么这么问？”

男：“我有个朋友昨天喝醉了，然后表白了，看着特别让人心疼。”

女：“然后呢？”

男：“然后第二天被他表白的哥们儿就跟他绝交了。”

女：“啊？你身边都是奇葩！”

你可以从跟女生有关的任何一个点上找到开场的话题，但这并不意味着你能肆意使用那些所谓的话术惯例，毕竟不同的女生有着不同的性格与喜好。

男生们至少要明了以下禁忌，才能少犯错误，增加开场成功率。

首先，开场白不要随便夸赞。

有不少男生通过聊天软件接触女生，往往在没有仔细查看女生资料的情况下，就盲目给出“美女，你真漂亮”这样的开场白，然后这次搭讪就以女生的一句“谢谢”而宣告结束。

很多男生认为这类夸赞的开场白能得到女生的热情回应，但现实往往给了他们当头一棒。

这种直接夸赞别人的言语其实很俗，现在大部分女生对这些凭空冒出来的夸赞已经不在意了，她们并不能感受到你的诚意，往往还会因此怀疑你居心不良。所以，一定要尽量避免这种毫无技术含量的夸赞式开场白。

其次，谨慎使用打压小伎俩。

如果你是新手或者跟女生的搭讪经验不足，请谨慎使用打压技巧。

那些恋爱达人们经常采用的打压技巧，是要在掌握一定分寸感的基础上，对女生某些细微之处进行轻度抨击，进而引起女生的关注，再利用她们的“辩解”来获取更多的信息，最终推动彼此对话不断往预期方向发展。

但这种方式对新手而言并不适用，新手使用这种小伎俩，在女生那里得到的“待遇”往往是警告或“拉黑”，这实在是得不偿失。我们的建议是，男生最好确认自己对女生有了一定的吸引力之后，再尝试使用这种技巧。

最后，面对女生的不理不睬，请保持风度。

当你为女生精心准备了一个开场白，信息发送出去后，过了许久才得到对方简单的回复，甚至对方根本没有任何反应。此时，你千万不必因此心生怨怼，甚至破口大骂。

无论从哪个方面来说，你对女生主动示好，女生都没有一定要给你答复的义务。顺其自然地去追求，保持一颗平常心，这才是你作为男生应该具备的素质。

一个男生，甚至一个人，都是不可能做到人见人爱的，但你至少能得到一部分女生的欣赏，这就够了。

会问，更要会答

L e s s o n 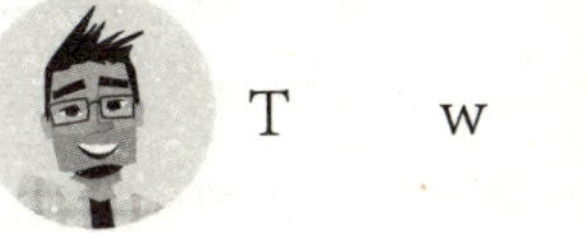 T w o

当你与女生通过一定的开场白，建立起真实的联系之后，你们之间还是陌生人，对彼此的基本情况还是一无所知。

此时，你需要通过正确有效的信息交换，打消陌生人之间（你和女生）的那种社交顾虑，从而推进彼此关系。

通过微信初步交换信息

在此阶段，很多男生在微信上跟女生聊天时，往往是“一聊就死”，大部分原因是因为男生没有灵活掌握信息交换的诀窍。

（1）信息交换过程要有趣

一般情况下，你和女生可以就姓名（网名）、籍贯、职业、星座等展开信息交换，目的是为了让女生对你有个立体式的了解，同时你也可以择机反问女生，这样就不会显得你的需求感太强。

例如：

女：“你是做什么的啊？”

男：“我是快递员。”

这就是一段极为普通，甚至可以说失败的信息交换过程。当女生表现出一定的 IOI [①] 之后，男生的回答平淡无趣，没有展示出能让女生有进一步聊天价值的信息。

有趣的信息交换过程示例：

女：“你是做什么的啊？”

男：“想知道啊？我怕说出来吓到你……”

女：“你说吧，我不怕。”

---

① IOI：在搭讪学中，IOI（index of interest）意为“兴趣指标”。指的是女生给男生的暗示，间接表示她被他吸引了或对他感兴趣。

男："我每天打个电话就会影响到这座城市成百上千人的重要物品的安全，也关系着全国民营企业的形象；每天不管我在哪儿，总被很多人惦记着，特别是女人，如果我没有及时出现在她们面前，她们就会抓狂，除了她们的老公，我想我是第二个她们最想见到的人！"

女："啊？你究竟是做什么的啊？"

男："我是一名快递员。"

女："哈哈……你可真逗。"

男："那你是做什么的呢？"

女："我是……"

又如：

男："你爸爸是做什么的啊？"

女："是……你爸爸呢？"

男："我爸爸以前在玻璃厂工作，干活都得戴手套。有一次下夜班，他坐出租车回家。当车子经过一片郊区的小树林时，凉风来袭，我爸爸觉得有点儿冷，就掏出手套戴上了。"

女："然后呢？"

男："司机就从后视镜里看见了啊，惊恐地问：'兄弟，你要干什么？''哦，我习惯了，每次干活前都要戴手套，这样既不会割伤自己，又不会留下痕迹。'司机当时脸都绿了。"

女："哈哈……"

通过以上这种有趣的信息交换方式，你和女生不仅能掌握彼此的基本信息，而且还有持续聊天的动力。

（2）在信息交换过程中建立安全感

通常情况下，女生的安全感来自她对你这个人或与你相关的事物的了解。她对人或事物了解得越深，也就越有安全感。

在你与女生交换信息时，初期安全感的建立极为重要，它决定了女生能否卸掉心中的忧虑和压力，是否选择继续和你聊天。

女：“你是做什么工作的？”

（女生主动问起关于你的基本信息，这是一种积极的兴趣指标。）

男：“十年生死两茫茫，写程序，到天亮。千行代码，bug何处藏。纵使上线又怎样，朝令改，夕断肠。老板每天新想法，天天改，日日忙。相顾无言，唯有泪千行……我就是一个苦逼的‘挨踢民工’。”

女：“哈哈……”

男：“你呢？”

（在说出自己工作的同时，可以反问女生，以达到相互了解的目的。）

女：“我在民政局工作。”

男：“啊，我知道那里，我们单位离那儿很近的。有机会咱们可以见个面！”

（走完交换信息流程，就可以选择性地开启其他话题。）

（3）在聊天时做到信息的等价交换

如果你直接问女生这类问题：

“曾经有过几次感情经历？”

“家里的父母兄弟都在从事什么工作？”

“身高、体重分别是多少？”

毫无疑问，你们的聊天可能就到此为止了。

正确的方法是，你要利用等价交换的方式，先提供自己的信息和价值，如先讲讲自己的父母兄弟都在从事什么工作，或者聊一聊自己的基本情况，简短地讲一些感情方面的经历，最后依据女生的反馈状况，来推动她透露更多的个人信息。

信息交换阶段应注意的问题

首先，不要在聊天中暴露太多的需求感，否则有可能把女生吓得不敢跟你互动了，或者使后面的聊天变得困难重重。

其次，不要一味地索取对方的信息，也不要单方面地开始情感突进或者进行盘问式的聊天。

错误示范：

男：“你家里有几口人？”

女：“3 口人。”

男：“那你爸爸是做什么的？”

女：“对不起，我有点急事，先不聊了。”

又如：

男：“你做什么工作的啊？”

女：“医生。”

男：“哦。”

女：“你呢？”

（女生觉得无聊会开启新话题，有的直接就结束对话了。）

男：“我是做 IT 的。你知道什么是 IT 吗？就是互联网技术。我喜欢 C++ 和程序编写。对了，你知道最新的杀毒软件吗？里面有一个插件特别棒……”

男生在自己擅长的领域里滔滔不绝，破坏了社交平衡。

女生觉得太无聊，聊天彻底进入了死胡同。

与女生聊天时更多的是要实现彼此间的互动，要能够成功交换彼此信息。

当她的“话题英雄”

L e s s o n 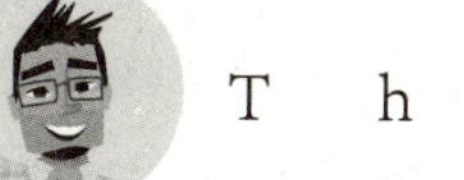 T h r e e

在网络聊天中实现了成功搭讪，这令你和女生对彼此情况有了初步了解。接下来，对于大部分男生而言，你们的话术技巧要始终围绕着增加联系感[①]和舒适感[②]来展开。

在此过程中，不要急躁，应该循序渐进，在话题的来源上下功夫，拿捏好话题尺度，掌握一定的话题延伸技巧，这样才能提升你对女生的吸引力。

---

① 联系感：指的是人与人之间没有隔阂，也不生疏，有各种各样的联系和互动。

② 舒适感：指的是男女在心灵上的互通和互相理解的感觉。

开启聊天话题

在这一阶段，你和女生彼此间还不是特别熟悉。此时，你需要营造出有延伸性的话题（同时试探对方的喜好、态度和心情等）。

切记不要乱开玩笑，因为有的女生可能会对此反感，如一些涉及隐私或会令女生感到尴尬的话题应该尽量避免。但可以在适当的时候尝试采用幽默的语言进行沟通。

如果女生给你提出了难题，不要害怕和闪躲，真诚地表达自己的感受即可。

（1）利用你们所处的网络场景、周围的事物及当时的状态等因素来开启话题

例如：

男："这么晚了你还不睡？"

女："你不也一样吗？"

男："据说晚睡的女生长得都比较好看。你的头像确实挺好看的。"

女："其实，我本人没这么好看啦！"（害羞的表情。）

男："我觉得你的脸型挺好的，如果换个发型，至少能再加10分。我觉得你比较适合留长发。"

女："是啊，我也一直在想……"

或者提到你们的相同点：

男：“你居然有这种包？很少有女生喜欢这种很‘man’的包的！”

女：“其实是之前去登山的时候买来临时用的。”

男：“等等，你不会也参加了上次市里举办的徒步活动吧？”

女：“没有，我想去来着，但没时间！你去了？”

男：“我去了啊，那天……”

又如：

男：“今天晚上我恐怕睡不着觉了。”

女：“为啥？”

男：“我去看电影了。”

女：“什么电影，看了居然激动得睡不着？”

男：“不是，是因为在影院里睡够了。”

又如：

男：“你现在在哪儿啊？在家吗？”

女：“是啊，在家收拾东西呢，准备明天出差。”

男：“你去阳台上，往外面看一眼。”

女：“看什么？你来我家楼下了？”

男：“你看了就知道。”

女：“人影都没有！看什么啊？”

男：“看朕为你打下的江山！”

（2）利用女生关心的生活话题、兴趣爱好等来开启话题

跟女生有关的、能令其感兴趣的话题，都是可以拿来作为聊天素材的，如对生活的想法、娱乐新闻、八卦报道、热门影视剧、心理测试、手相星座，等等。

例如：

男："你是什么星座？"

女："双子。"

男："双子座的女生温柔可爱，口齿伶俐……那你挺适合我的，我们明天结婚吧。"

女："你想得美！"

男："等一下，你会做饭吗？不会？那好，我们离婚了。"

女："哈哈……"

男："我挺喜欢你的个性的，虽然你有点儿笨。"

女："你才笨呢！我们双子座是很聪明的！你是什么星座？"

男："我是处男座的……"

女："你可真能编！"

男："说真的，你平常在家做饭吗？"

女："做呀，我经常在家做饭的。"

男："是吗？我认为做饭有三个层次，第一种是别人吃了还想吃；第二种是吃了死不了；第三种是吃了就死掉了。你属于哪一种？"

女："哈哈……我是第一种 / 第二种。"

男：“看起来不像，你没有骗人吧？有机会能让我试试么？”

女：“看情况吧！”

男：“哎，不行，万一是第三种，那我就死了啊……”

又如：

男：“都说留住一个男人的心，得先留住他的胃。那么，你会做饭吗？”

女：“会啊！”

男：“哇，那我一定要努力带你回家！到时候我奶奶会送你一个传家的玉镯子，然后再教你做糖醋排骨。”

女：“为什么是糖醋排骨，而不是其他菜？”

又如：

男：“认识一下吧，也算缘分啊！”

女：“嗯，你平时喜欢做什么呀？”

男：“摄影，收藏镜头什么的。”

女：“哇！我也爱照相，不过都是用手机自拍。”

男：“女孩子都这样，哪天我给你拍吧，专业写真哦！”

女：“好啊，不过我最近有点胖了……”

又如：

男：“我家小泰迪我不想养了，我看你好像挺喜欢狗的，一折卖给你要不要？”

女：“哇……这么好，多少钱？”

男：“100 元。”

女：“这么便宜！”

男：“嗯。对了，狗笼也一起卖给你，它换了家睡不着，这个狗笼它已经睡习惯了。”

女：“好吧，狗笼多少钱？”

男：“2000 元。”

女：“我晕，狗笼怎么这么贵？”

男：“你看现在房价多贵啊！”

又如：

男：“你知道么，女人总说男人是骗子，而我竟然天真地以为女人是不会骗人的。”

女：“我们本来就不骗人啊！”

男：“我曾经喜欢一个女孩儿，但她不喜欢我。她说她喜欢的男人是在路上开车，大家都不敢靠近的那种。她觉得那样的男人才霸气。上个月她结婚了，我才知道原来她老公是开洒水车的。”

女：“哈哈……”

（3）利用冷读的方法开启话题

通过观察女生的网络展示页面或聊天文字体现出来的情绪和状态，你可以对女生进行冷读。当然，冷读并不局限于此。

例如：

男："如果我没猜错的话，你的人缘一定不错吧！"

女："啊？你是怎么知道的！"（或者"没有，其实我朋友不多的。"）

无论女生给予的是肯定还是否定的回答，你都能从中提取出有价值的信息，然后借助这些信息来创造出更多话题。

冷读开场白的经典句式结构是："你，有没有这样的时候……"

我们给出以下句式结构供大家参考：

男："你，有没有这样的时候，莫名地心情不好，不想和任何人说话，只想一个人静静地发呆，怀念过去的人和事？"

或者：

"你，有没有这样的时候，突然觉得心情烦躁，看什么都不顺眼，心里闷得慌，拼命想寻找一个'出口'？"

以上的这些句式结构，其实只是聊天中常用的开启话题的技巧。当你与女生成功启动聊天话题后，关键还要能营造出有利于你的聊天框架，让女生有耐心和兴趣跟你聊下去。

延续聊天话题

在这一阶段，你和女生已经有了一定的熟悉感，建立了一定的舒适感，对彼此情况也有了一定掌握，话题就可以适度地放开一点儿。

（1）增强聊天互动性

你可以跟女生聊聊自己的童年和上学时的趣事，或者与朋友发生的奇妙遭遇，把彼此的生活、想法、往事和梦想（能跟女生产生联系）等内容展示给对方。通过这种互动，来增强你们之间的联系感，并推动聊天的进一步升级。

例如：

"你的童年（大学）是怎么过的？"

"你将来最想做什么？有什么愿望呢？"

"如果你能自由选择，你喜欢在哪个城市生活？"

"如果你有一个月的时间，并且有一笔钱，你会选择去哪个国家旅游，为什么？"

"到目前为止，你生命中最浪漫的经历和最让你感动的事是什么？"

"如果让你给自己贴三个标签，你会怎么形容自己？"

（2）要有适度的赞美

"我觉得你除了长得好看，说话也挺有趣的。"

"我觉得你是一个非常聪明、点子特多的女孩儿。"

"我喜欢你的笑声，和你聊天太开心了。"

"我们之间竟然有这么多的共同点，这太令我惊讶了。"

"我发觉你挺有冒险精神的，你的生活一定充满惊喜吧？"

其实，你和女生之间的聊天在话题深入后，可以聊的范围不必局限于以上内容。如彼此都经历过的事情，彼此的糗事，对某件事的好奇或见解都是可以好好利用的。不管选择什么话题，关键是要在女生没有对你表现出厌恶感、聊天也不冷场的基础上，综合运用这些话术和技巧来提升你们的关系。

多重话题转换

通过网络聊天时，长篇大论式的聊天是很容易让人心生厌烦的，因此聊天内容要尽量简短有力、丰满有趣，谈论的话题之间还要有一定的关联性。

无论是多么有意思的话题，都有结束的时候。因此，你需要在谈话过程中，不断地穿插新的内容或切换话题，这就是多重话题转换。这样做的好处是，可以让话题保持新鲜的同时，让对方觉得气氛轻松自在，毫无负担，这样更易推进彼此关系的进一步发展。千万不要把一个话题谈到无法再进行下去的时候才寻找新的话题。

多重脉络的对话形式是什么样的呢？

①提出多个话题。

②推进其中一个话题，搁置剩余几个。

③搁置当前话题，重新推进刚才搁置了的某一话题。

④继续切换。

选择的切换话题的方式可以是描述你们目前的聊天进展情况，或是表达自己的独特见解。

例如：

（聊完一个话题后。）

男：“你发现没，我们才聊了10分钟就已经这么投缘了，两个人能熟得这么快还真是好意外。其实我平时不是这样的，之前只有在一个人旅行时才会偶尔跟人聊这么多。你有试过自己一个人去旅行吗？”

（开始另一个话题。）

或者：

（聊完一个话题后。）

男：“你好像在这件事上挺伤心的。我念小学时，家里养的狗走丢了，当时也特别伤心……”

（开始另一个话题。）

如果你与女生之间的聊天没有按照你既定的方向进行，你就要适时结束某个话题或改变聊天模式，使用其他的备用话题，或选择冷场一段时间后再开启新的话题，比如，从女生的回复内容中寻找关键词展开新话题。

注意事项

①不要自我吹捧。在和女生网聊的初期过程中，不少缺乏自信的男生为了向女生展示自己的高价值，不顾她们的实际感受，不停地自我吹嘘，自我标榜，这样会导致女生产生强烈的反感。

②在聊天过程中，要善于控制聊天节奏和聊天欲望。你不要像查户口似的，询问对方太多问题。另外，要学会控制聊天时间和节奏，聊天的时候有时间间隔，给彼此一定的缓冲和思考时间，这对双方都有好处。

③聊天话题不要进展过快。有些男生刚开始跟女生聊天，就直接谈论约会或谈婚论嫁，这种目的性太强的对话，往往会直接把女生吓跑。一些开门见山式的聊天方式要针对不同的聊天对象，做到谨慎使用。

④不要愤世嫉俗，千万记得远离负能量。没有谁愿意成为别人坏情绪的垃圾桶，如果你一开口就是对各种人、事的不满，那么请三缄其口。你要做的是，多关注女生在聊天文字、语音、图片中透露出的情绪上的变化，针对具体情况多给她们提供一些积极、有趣的话题，这样才能尽快和对方建立紧密的联系感。

是绅士更是勇士

L e s s o n  F o u r

进入这一阶段，你和女生已经彼此比较熟悉了，双方聊天的话题方向性更随意，深入性也更高，你可以在女生接受的范围内，在一些相对私密的话题上适当地开玩笑，进一步增进你们之间的亲密度。

在此期间，你可以利用一些角色扮演的对话，或是通过描述各自的情感状态，来提升你们之间的关系。

话术

（1）角色扮演

角色扮演其实是一种非常适合增进男女关系的聊天方式。

在此过程中，女生可以暂时忘掉现实中的身份，这样能令她们在拥有一定安全感的前提下，放下过多压力，从而更容易敞开心扉。男生则可以利用角色扮演这个游戏了解女生内心真实的想法，实现两性关系的进一步升级。

至于什么时候采取角色扮演的方式，这需要男生在与女生聊天的过程中敏锐地抓住一些机会，利用它们自然而然地把对话转移到角色扮演的模式中。

例如：

男：“你喜欢小狗吗？”

女：“喜欢啊！”

男：“要是你能够变成小狗的话，你希望变成哪一种？”

女：“泰迪！我特别喜欢泰迪，毛茸茸的。”

男：“哇，我其实很喜欢泰迪的。要是我在宠物店里看见你，一定会带你回家。”

女：“哈哈，神经病。”

男：“但你不会在我家地板上‘留标记’吧？”

女：“不会！”

男：“那好吧，不如我今天就带你回家吧！”

女：“好啊！”

又如：

男：“爱妃，给朕端盆洗脚水去。”

女：“臣妾做不到啊……”

男：“爱妃，朕明天想去看看你。”

女：“皇上，臣妾明天要出宫办事……”

又如：

男：“你平时喜欢怎么锻炼身体？”

女：“练瑜伽。”

男：“嗯，崆峒派门下？”

女：“峨眉的……”

男：“在下武当张无忌，请问姑娘是否姓赵？”

女：“不错，单名一个敏。”

又如：

男：“最近日理万机，朕有些累了。”

女：“嗯，那皇上早点儿休息吧！”

男：“朕要就寝了，今夜就不用你服侍了，你跪安吧！”

又如：

男："骚年，我看你资质不错，不如留在我身边做个通房大丫鬟吧，月薪五两银子。"

女："什么是通房大丫鬟？"

男："就是陪吃陪喝，伺候好主子，但是没有夫人的名分。要是将来你能给我生个一儿半女的，我可以考虑纳你为妾啊！哈哈……"

女："滚，没诚意！"

巧妙利用角色扮演的方式，对于男生而言，好处多多，具体而言有以下几点：

① **即时感强，可以让女生沉浸在与你的聊天中**。对于那些认识不久的女生，因为这种方法会带给人强烈的情感波动，运用得当，能有效增强你的吸引力。

② **引导性强，能够广泛引导话题方向**。如果控制得当，就能让女生一直围绕着有利于你的话题进行聊天。

③ **自由度高，话题内容丰富**。你只需要确定大致的聊天方向，剩下的内容就可以自由发挥了。

（2）描述感情状态

如果你想和女生建立起长期、稳定的关系，那可以聊聊你们的感情状态。比如，聊聊前女友，需要注意的是，你既不能贬低前女友，也不应该过分褒赞她，直接用简短的语言将你在恋爱关系中的高价值表达出来即可。

例如：

女：“你初吻是在什么时候？”

男：“我是比较晚才谈恋爱的，那是大学时候的事了。那时我除了上课，还在校外兼职，另外还参加了不少社团活动。我是学文科的，学姐学妹很多，闲暇的时候会跟她们一起去吃饭，就在某一次集体活动的时候我认识了我的初恋。她是我们学校中文系的，是个双子座姑娘，我特别喜欢她的个性。那时候追她的男生挺多的。后来她报名参加了当年国家级的英语奥林匹克竞赛，需要提高口语，而我正好又擅长英语，于是我每天早上起来陪她去晨读，陪她一起去上自习课……”

在以上例子中，男生在讲述自己情感状态的同时，间接传达出了自己的各项优点：学习好、人缘好、在爱情里愿意付出等，这些都有利于他和女生关系的进一步深入。

又如：

男：“今天前任来找我了。”

女：“找你复合？”

男：“聪明。”

女：“那你回头吗？”

男：“不会。”

女：“这么绝情？”

男：“其实她挺好的，170厘米的身高，长得也漂亮，身边从来不乏追求者。可是我们是异地恋，女人青春易逝，我不想耽误她，这么拉扯不清，也是对她的不负责，所以长痛不如短痛吧！”

女：“嗯，是个好男人。”

又如：

男：“那天跟朋友一起聚餐，我偶遇了初恋。”

女：“怎么了？”

男：“我们吃饭吃到一半，她说她醉了，让我送她回家。”

女：“那你送了吗？”

男：“当然没有啊！她在骗我，喝果汁怎么可能喝醉？当初她也是骗我和她分手的，现在分手了还想着骗我！”

女：“我好像听懂了什么……”

又如：

男：“你会不会骗我？”

女：“我干吗要骗你？”

男：“我前女友和我刚认识半个月的时候，有一天她突然趴在我怀里哭了，说她家是家族产业，她爸很势利，肯定要拿她的婚姻做交易。她说她已经和她爸摊牌了，就是看上我了，如果她爸不同意我们在一起，她就和我私奔。那天下午，我在忐忑不安中见到了她的父亲，结果发现，原来她爹是卖包子的……”

女：“哈哈……”

（3）情绪刺激

男生在和女生进行互动交流的时候，彼此的情绪是会被同步化的，直到相互影响达到一种均衡状态。情绪高的人可以带动情绪较低的人，同时情绪较低的人也可以通过散发负面能量去干扰情绪高的人。

可是彼此间过大的情绪落差也是有问题的。因为人面对极端情绪时会下意识地拒绝共振，无论这是一种正面的，还是负面的情绪。

与你聊天的女生其实就是你的一面镜子，她的情绪会或多或少地受到你的情绪影响。所以你应该带着正面的情绪，用积极向上的态度，和她聊天。

例如：

男：“对了，你知道这个世界上什么动物最喜欢问‘为什么’吗？除了人以外。”

女：“不知道啊，是什么？”

男：“是猪。”

女：“为什么啊？”

男：“你看，又来了。”

女："你才是猪啊……"

（女生知道自己上当以后多半都会发笑，此时就证明你成功刺激了她的情绪。）

男："你看你的猪鼻子。"

（你可以用手指轻轻刮碰一下她的鼻子。）

又如：

男："这年头骗子太多啦！"

女："怎么了？"

男："昨天我走在回家的路上，一个女的主动跟我搭讪，说我长得像她前男友，我立刻拒绝了她。"

女："为什么呢？万一人家的前男友真的和你长得像呢！"

男："骗人！长相那么普通的女孩儿，怎么可能跟长得像吴彦祖的人谈过恋爱？"

女："你太自恋啦！"

又如：

男："现在的饭店越来越坑了，还好我有急智！"

女："哦？说说看。"

男："那天我和朋友一起吃海鲜，看到端上来的龙虾就问服务员：'为什么您这龙虾是没有钳子的？'服务员竟然说：'先生，可能是它和我们饭店里的其他龙虾打架时打输了，手被打断了。’我秒回：‘哼，那麻烦您把那个打赢的给我端上来吧，谢谢！’”

又如：

女：“你给我讲个故事吧？”

男：“你要听长的还是短的？”

女：“长的！”

男：“从前有只苍蝇，嗡嗡嗡嗡嗡嗡嗡嗡嗡嗡嗡嗡嗡嗡嗡嗡嗡嗡嗡嗡嗡嗡嗡嗡嗡嗡嗡嗡嗡嗡嗡嗡嗡嗡……”

女：“你还是讲短的吧！”

男：“从前有只苍蝇，嗡——啪！”

又如：

男：“如果下雨了，我会把伞给你打。”

女：“这么贴心啊！”（害羞的表情。）

男：“嗯，然后我打车回家。”

又如：

男：“有件事儿，我一直想找个机会慎重地问问你，你能保证对我说实话吗？”

女：“什么事儿？”

男：“你对当年在天宫调戏嫦娥的事儿后悔不？”

（4）变相带领

当女生被你吸引之后，会释放出一些 IOI，虽然这种兴趣指标不够稳定，但你通过话术的引领，还是可以将你们之间的这种吸引力强化并稳固下来，进而演进为相互之间的爱慕。

例如：

女："在干吗？"

男："在给这世上最漂亮的女人发消息呀！"

女："哈哈，嘴真甜。"

男："不过她一直没回我，所以我只好找你聊天了。"

又如：

男："我会告诉你，我的手机壁纸是你的照片吗？"

女："哈哈，喜欢上我了吗？"（捂脸的表情。）

男："并没有，我想这样应该能控制我玩手机的欲望。"

又如，晚上和女生聊天：

男："有点儿困了，和你聊天有催眠效果啊！"

女："哈哈，我厉害吧！"

男："厉害，这让我想起了以前美国的一个节目。"

女："什么节目？"

男："就是安排狗狗给人催眠，最后还真的成功了。"

又如：

男：“给你做个测试吧，看你是不是正常。”

女：“来呀！”

男：“一个浴缸盛满水，旁边放一个汤勺和一个大碗，要把缸里的水排出去，你会怎么办？”

女：“当然用大碗啊！”

男：“其实正常人都是直接拔掉塞子。”

（5）谈论私密话题

在聊私密话题的时候，如果女生能够配合你，那么你就可以逐次深入；如果女生没有按照你的方向往下聊，或者表现出明显的拒绝意思，你就要轻轻带过，再寻找机会慢慢突破。

例如：

女：“我最近在减肥……”

男：“不知道为什么很多男生都喜欢女生瘦瘦的，但在我看来，女生胖一点儿才可爱啊！”

女：“怎么可爱了？”

男：“你想啊，肉肉的感觉多好啊，抱在怀里也更舒服嘛！”

又如：

男：“昨晚我梦见你了，早上起来发现床湿了……”

女：“你怎么这么坏？你梦见什么了？”

男：“梦见你卸妆了，然后我就被吓尿了。”

网络聊天升级注意事项

①循序渐进地讲好故事。你准备好的故事，不要一下子全部讲完，循序渐进地讲出来，也是一种吸引力的展示。什么是“好故事”呢，可以是幽默的故事、你略微丢脸的故事、温暖的故事，等等，只要是能展现你的真善美、有趣和积极向上的个性的故事，都是可以讲述的好故事。

②注重细节。工作时间不要长聊，不要让自己处于一种无所事事的状态。

③不要沦为女生的情感垃圾桶。如果女生在聊天中诉苦太多，或者向你传递的负能量过多，你要善于转移聊天的方向，选择新的合适的话题，并积极调整对方的情绪状态，避免成为对方的情感垃圾桶。如果女生只在诉苦的时候才会想到你，让你为她进行单方面的情感投资，这会拉低你的价值，也会降低女生对你的兴趣。

④不要只顾自己聊得高兴。在网聊中，有的男生不但没有出现冷场的状况，而且彻底控制了整个聊天局面，最后把两个人的聊天变成了一个人的“独角戏”，女生则纯粹成了他的“听众”，这是很不应该的。要知道，好的聊天是两个人之间的信息交换，是彼此的情绪互动，其目的是为了增加自身的吸引力，单方面的“绝对控场”，会对情感进程起到破坏性的作用。

“撩”到点子上

Lesson Five

简单地说，男生和女生聊天的目就是要实现邀约，进而在关系上实现顺利进阶，从陌生人转变为伴侣。从聊天开场，到彼此交换信息，再到逐步增强彼此间的信任感，关系不断升温，这些都是为最后的邀约做准备的。

当前期一切条件都已经具备后，如果你想对女生进行正式邀约，应该在话术上做什么准备呢？

邀约时的话术展现

（1）在聊天进入高潮时，该怎么邀约

通过社交软件，你和女生聊兴正浓，你感觉彼此间的聊天氛围越来越和谐。此时，你如果发出邀约，可以这样说："跟你说话很有意思，你的想法也很有创意。明天晚上我这边正好有个这方面的小型活动，要不我们一起去看看？"

（2）在共同点出现时，该怎么邀约

男女双方聊到了共同的兴趣爱好，你从这个兴趣点出发，顺势提出一个与之相关的邀约。

例如：

男："对了，你会骑马吗？"

女："会呀，不过现在骑的机会比较少了，以前不忙的时候每个月都会跟同事一起去郊外骑马。"

男："真不错，我和我朋友经常会去郊外骑马，以后有空的话可以一起去啊！"

诸如此类的聊天模式，你可以审时度势，从中顺势提炼出一个如爬山、烧烤、游泳、听音乐会等邀约话题。

（3）在聊到具体的时间地点时，该怎么邀约

当两个人在网络聊天时提到了确定的时间、地点时，如何趁势对女生进行邀约呢？

男："我现在正在 ××（女生所在地附近）准备拜访一个客户，正好想起你就住（工作）在这边。我知道附近有一家餐馆挺不错的，晚上要不要一起出来吃个饭？"

或者：

男："我今天要去 ××（女生所在地附近）买点儿东西，想起你就住（工作）在这边，这里有个挺热闹的夜市，晚上要不要一起去逛逛？"

（4）在聊到相关主题时，该怎么邀约

邀约的主题可以是男生身边的或是与女生相关联的事物，但一定要选择那些安全、轻松、有趣和高品质的事物。

例如：

男："周六一起去郊外采摘园放松放松吗？那里风景好，空气也清新，我们可以边摘草莓边聊天……"

这是一个以采摘为主题的邀约，这种户外活动能让女生觉得安全、放松，而且她可能会因此觉得你是个热爱生活，也懂得享受生活的人。

又如：

男："下午我要去图书馆，我觉得你最近跟我说话消耗了不少脑细胞，不如跟我一起去吸收点知识吧！"

这是一个以看书为主题的邀约。这种邀约大大降低了与男生初次见面带来的紧张感，从女生的角度来看，跟男生出去只是看书而已，相应地，抵触情绪就很小了。

（5）在对女生进行冷读邀约时，该怎么说

运用此类邀约话术时，注意要跟一些特定的惯例配合使用，并且能针对一些特定的女生（如那些在感情、事业上受过挫折的女生，或心情不好、情绪低落的女生）才可能产生良好的效果。

例如：

男："通过你网络头像上的眼神，我能够猜出来你的一部分性格。"

女："什么性格呀？"

男："如果我猜对了，你就请我去吃冰糖葫芦；如果错了，那我请你。"

（在使用这种话术惯例时，一定要配合着进行适当的邀约。对双方而言，一串冰糖葫芦的成本支出很低，无论输赢，在这种聊天框架下，男生都是获益方。）

女："那好，你说吧！"

男："首先，你虽然会跟陌生人聊得很好，但在你的内心还

存在一个保护罩。”

女：“嗯……你说的这个……其实大部分人都是这样啊！”

男：“别着急啊，我还没说完呢！”

女：“好吧！”

男：“外表挺乖的，内心却有些浮躁。”

女：“好像是有点儿吧……”

男：“还有些小自恋。”

（如果女生的样貌在五分以上，就选择“自恋”这个词；否则，就选择“不自信”。）

女：“还有呢？”

男：“剩下的我想一边吃糖葫芦，一边告诉你。”

女：“行啊，你想什么时候吃？”

这种冷读邀约时用的话术，一定要在你和女生之间已经建立了一定的信任感之后再使用。否则，女生一旦不配合你的这种聊天套路，你们就只能相对无言了。

另外，对于那些逻辑思维能力特别强的女生，这种技巧一定要谨慎使用。

邀约聊天时的注意事项

（1）跟女生进行邀约聊天时，话题的转折不要太大

错误示范：

男：“上次我和驴友去桂林，荡舟漓江，那儿的风景实在太美了！”

女：“是吗，你说得我都想去了。”

男：“是啊！明天有时间的话，我请你去吃麻辣小龙虾啊！”

在上述邀约聊天中，男生的话题缺乏有效过渡，直接从“桂林美景”切换到了“吃麻辣小龙虾”。这样大跨度的话题转折，会令女生刚刚有些高涨的情绪瞬间归零，并且很可能在完全跟不上男生谈话节奏的情况下，直接拒绝邀约。

（2）先进行模糊邀约，得到确认后再进一步明确细节

模糊邀约指的是没有明确时间、地点和主题的邀约，如“有空的话，出来聊聊天吧”或“有空的话，我们可以一起去郊外玩玩”等。

例如：

男：“我感觉你就是一吃货，喜欢晒各种美食照片。”

女：“是啊，我就是吃货，这多幸福啊！”

男：“其实很多好吃的店都藏在城市的各个角落里，很难找到。前几天我发现一个相当不错的饭店，尤其是他们家的炸丸子，那叫一个好吃啊！”

女：“看来你也是个高级吃货，为了美食经常走街串巷嘛！”

男：“那必须，唯有美食与爱不可辜负嘛！”

女：“对，就应该这样享受美食、享受生活！”

男：“可以啊，姑娘觉悟很高嘛！好吧，以后带你吃遍大街小巷。”

女：“好啊！”

（其实美食是发出邀约的最好话题。）

如果你已经邀约成功，过几天就可以发出一个包含明确时间、地点及主题的“确认函”。此次邀约，你需要给出合理的理由让女生选择接受。

例如：

男：“以后有空可以一起打网球。”

女：“好啊！”

几天后，双方聊了一会儿天后，男生再次进行邀约：

男：“对了，周六我朋友订了个网球场，人挺少的，你也一起来吧？”

（明确的时间和主题。）

女：“啊？我跟你朋友都不认识哎！”

男：“没关系的，我们也是打网球认识的，他也会带女性朋友过来。这次人不多，我们一块儿打，都是年轻人，大家都会很开心的。”

（给出女生应该接受邀约的理由。）

女：“好啊！”

男：“那就定周六晚7点，黄龙体育馆，你的电话多少，我现在就打给你……”

（确定地点和联系方式。）

需要切记的是，当提出了多次模糊邀约后，如果一直没有明确邀约，会让女生感觉你没有诚意，甚至给你贴上“信口开河”的标签。通常情况下，在向女生提出一两次模糊邀约后，相隔一两天即可向她提出一次明确邀约。

聊天软件的“神助攻”

L e s s o n S i x

现在，网络虚拟社交空间已经成为人们日常生活中不可或缺的一部分。在这个庞大的空间里，凭借任何一款社交软件都有机会搭讪到女生。

相较陌陌、探探、QQ 及相关的婚恋交友软件，微信能带来更具吸引力的信任感和联系感。

当男生通过其他社交渠道成功搭讪女生后，可以根据实际情况，适时将女生引至微信，为进一步推动彼此关系的进阶做好准备。

陌陌和探探的搭讪技巧

（1）搭讪聊天

陌陌搭讪的渠道主要是“附近的人”“留言板”“群组”“访客记录”和“点点”等；探探则需男女双方配对成功后，才能进行网络聊天。

当然，利用陌陌和探探等社交软件时，最关键的是要能构建一个优秀的社交展示面，开场白的作用只是启动交流。

这里，我们主要讲一下陌陌和探探的开场白搭讪术。

例如：

“小呆萌。”

“小坏蛋。”

“我发现了一个你的秘密。”

“有没有人说你长得像 ××（明星）。”

或者你也可以直接把表情符号，如笑脸、偷笑等发给心仪的女生。

使用此类搭讪话术的时候，如果女生确有回复（未必和颜悦色），你就可以利用一些技巧开启与女生的聊天。如果她们没有回复，你可以尝试隔天再次用表情开场。

（2）聊天转场

陌陌和探探等聊天软件都能帮助男生快速认识陌生女生，并与其进行沟通和交流。这些聊天工具具有简单直接、方便快速的特点，但给人的安全感、舒适感和联系紧密感则相对较差。

而微信是一个能构建强烈吸引力，给女生更强舒适感和安全感的社交软件。通过完善的朋友圈展示，微信可以全方位展现你的相貌背景、生活状态等信息。

因此，通过陌陌和探探等工具联系到的女生，可以适时转场到微信中，继续巩固彼此之间的关系。

例如：

"我平时陌陌 / 探探上得比较少，不如我们加个微信吧！"

婚恋社交软件聊天

以现在流行的婚恋社交网站为例，它们的平台资源丰富，社交目的性强，社交资料也更为详实，匹配更加精准。

（1）内心独白

设计内心独白非常重要，需要体现以下三方面的信息：

第一，我是一个什么样的优秀男生；

第二，我这么优秀的男生为什么还是单身，又为什么选择这个平台相亲；

第三，我需要找一个什么样的女生。

请大家按照以上三点原则，根据自己的实际情况精心准备一番。重要的是，内心独白应以感性为主，不要将它写成产品文案。

需要避免的是：列举自己的客观条件，列举自己的家庭关系以及列举自己对女生的要求。

我们来看一个错误的内心独白案例：

> 本人身高171厘米，体重70千克，年龄32周岁。全日制本科学历，有住房一套，业余时间喜欢做点投资，有一个姐姐，父母退休，有退休金。
>
> 在××平台注册一段时间了，见过几个朋友，或许是缘分未到吧，最终都擦肩而过。很多人觉得我要求高，其实这是大家对我的误解，我对另一半的要求很简单：温柔、善良、懂事，身材匀称，品貌端庄，热爱生活，要能真心过日子的。对工作、学历、家庭背景和经济条件，本人不是十分在乎。只求一颗相互珍惜的心，能执子之手、与子偕老，同甘共苦，共度余生。

以下是内心独白的正确范例一：

> 我不是一个喜欢平淡的人，所以一毕业就选择了销售的工作，因此去过很多地方，现在在北京和一群志同道合的朋友创业，每天都在为着理想而奋斗，我希望能找个懂我的人分享每天的成功和喜悦！
>
> 我在积极地寻觅，也在积极地奋斗，我相信我能靠自己的双手支撑起我们美好的未来——带你一起环游世界，去马

尔代夫旅游，享受沙滩上的阳光；一起策马奔驰在广阔的大草原上，享受那种无拘无束的感觉。

我身边有很多人通过 ×× 平台找到了自己的归宿，我也希望能在这里找一个真诚的、愿意和我牵手一生的人，度过未来美好的岁月，她必须阳光、开朗，她一定要有美女的心态，要相信自己是值得被人宠爱的。

尽管身边也有女孩子追我，但我总没有心动的感觉。我是个相信爱情的人，我相信那个让我怦然心动的人一定在某处等着我，所以我一直在期待完美的爱情。

我不在乎我们之间的距离，我在乎的是心与心之间的距离，我可以不远千里去找你。我希望你就是那个让我心动的人，让我找到你，一辈子宠着你。

内心独白正确范例二：

我之前有份非常稳定的工作，生活也轻松，不过后来我觉得不能再这么安逸下去了，应该趁着年轻多出去闯荡，多锻炼自己。于是，我不顾周围人的反对，来到了郑州。在这里，我找到了一份自己非常热爱的工作，这让我感到人生过得非常有意义。

每天，我都会以积极乐观的心态去面对可能遇到的问题，面对充满挑战的生活，我获得了久违的成就感。

然而每当夜深人静的时候，我却感到特别孤独，我觉得身边需要一个能陪伴我的人——在这个城市里找到一个我爱且爱我的人，两个人相互依偎，彼此扶助，相濡以沫，不离不弃。

我们公司的未来非常有前景，而我对我的事业与爱情都充满了希望。

（2）通过发信息产生互动

无论选择群发，还是单独发送，信息内容最好能自己精心设计并编排一下，要强调你的真诚和高价值。在相亲网站上找另一半，我们给出的最关键建议是：不要闲聊！

没有女生会长期待在这类网站上找人聊天。所以，你选择这些平台的最大目的是要到对方的联系方式，然后在电话 / 微信上与她们接触、认识，再见面约会。

建议用征询意见 + 筛选式的搭讪开场。因为这种组合是与感情生活相关的话题，大多数女生都会选择回复。

例如：

> “如果你男朋友和朋友在一起的时间，比陪你的时间还多，你会介意吗？”

或者：

> “你觉得男朋友太过重视工作是一件好事吗？”

（3）聊天场景转场至微信 / 电话

如果有女生回复你，那就说明她们对你有一定的兴趣。这时，你可以择机将聊天场景转移至微信。（如果女生初期有顾虑，你可以选择聊一段时间后，再转至微信。）

例如：

“我不常上这个平台，方便的话我们留个 QQ 或微信？”

或者：

“让我们保持联系吧，我的微信号是 ××，你的呢？希望我是那个你一直在寻找的人。”

或者：

“我今天比较忙，但还是惦记着到平台上来给你回一下信息。很高兴认识你！大家平时工作时间都不是很自由，如果可以，能否留个电话，改天有空一起出来喝杯咖啡？”

QQ 聊天技巧

在 QQ 上聊天时，你同样要经历搭讪吸引、贡献价值、寻找联系感和认同感、创造亲密感、情感加温等阶段。在每个阶段，你也需要利用与其他社交软件类似的技巧和框架来延续、增强与对方之间的亲密关系。

例如，在提升亲密感阶段，你可以这样说：

“如果我们共骑一匹马，奔驰在空旷的草原上，那种策马奔腾的感觉多好啊！”

“我一直在想，若是在当年那个青涩纯真的年代咱们就认识彼此了，我们之间会上演跟这个电影一样的故事吗？”

在情感加热阶段，你可以这样说：

“吃早餐了吗？你要是饿肚子，我会心疼的啊！”

“今天工作累吗？要不要帮你按摩放松一下？”

总之，无论是在 QQ、陌陌、探探，还是在微信上聊天，对大多数的普通男生而言，都应该遵循网聊的基本规则，有选择地使用聊天惯例和技巧，更要坦然、自信地展示自己好的一面，掌握好聊天的基本功，依据女生的具体情况，循序渐进地和女生增进关系。这既是对彼此负责任的态度，也是构建和谐、健康两性关系的开端。

第三章

每一通电话
都是一次进攻号角

Chapter3

在实际环境中，电话聊天仍然是男女沟通交流中不可或缺的一种方式。

相对于社交软件聊天，电话聊天的联系方式更为直接，能让男女双方听到对方声音，感受到对方的语气与态度，更容易增加对彼此的吸引力，在舒适感的建立上也就更容易、更有效率了。而相对于面对面的聊天，电话聊天能够给彼此一定的判断时间和缓冲空间，因此能避免一些不必要的尴尬。

站在男生的立场，**电话聊天不单单是一种与女生进行感情联络的方式，如果掌握好技巧和时机，它将成为男生感情世界大翻转的契机。**

让她对你瞬间“来电”

L e s s o n O n e

电话聊天对所有人而言都是非常熟悉的，但在男女两性关系中，如何给女生打电话却是一个令很多男生都头疼不已的问题。

实际上，只要你掌握好打电话的时机，在话题、技巧上下功夫，不仅能让女生顺利接听电话，而且还能和她顺畅地聊下去。

至关重要的第一个电话

无论你通过何种方式拿到了女生的电话号码，都要记住你的唯一目的是要通过电话跟女生在情感上产生连接，拉近你们之间的距离。

那么，何时给女生打第一个电话才比较合适呢？

实际上，这个问题的答案取决于你和女生之间的关系互动程度。

通常情况下，对于那些和你关系互动一般，甚至很差的女生，你最好能尽快给她打电话，在必要的情况下，你要让女生感受到你想和她聊天的强烈意愿。

对于那些互动情况好一些的女生，你可以在拿到电话号码一两天后再给她打电话。

电话聊天开场白

（1）利用好试探性短信

正式开启电话聊天之前，你可以尝试着给女生发一些试探性的短信。

对于那些比较开朗健谈的女生，你可以这样说：

> “我现在正在大悦城的××餐馆吃饭，我发现邻桌女生长着跟你一样迷人的大眼睛……”
>
> “我刚才忘了告诉你，你说话的时候鼻子会动耶，好可爱！很高兴认识你！”
>
> “天啊，我刚想起你，天空居然就开始下雨了。”

“我刚看见你和你们校长在电话亭旁的水饺店门口说话了。”

对于那些相对拘谨的女生，你可以这样说：

“我怎么也想不通，你说的那家书店里为什么没有这位女作家的书呢？”

“今天早上，我在家门口发现了一大朵红玫瑰，不知道是谁放在那里的。”

如果女生感兴趣，她就会在话题上跟你进行互动。当你们的短信互动进行得非常顺畅，或者在聊到最高兴的时候，可以暂时缓一缓。过几分钟或几个小时，或者找一个你认为合适的机会，拿起手机直接给女生打电话。

例如，你们的聊天是这样的：

男：“天哪，有时我真的觉得自己老了！我要去买副老花镜，然后戴上玩斗地主去。”

女：“哈哈，大叔！”

男：“我还要坐在炉火前，腿上盖一条毯子，把我年轻时的故事一遍一遍地讲给你们这些小孩子听。”

女：“每个故事是不是都是以‘想当年’开头啊？”

聊到这里，你可以选择不再给她回信息了。过几个小时后，你再打一个电话给她。这样一来，你说的话，做的事，对她来说才一直是新鲜的。这种方法其实蕴含了一些心理学知识，当一个人对你充满期待的时候，你就更容易接近他。这样一来，对方接电话的可能性才会更大。

如果女生在你不回信息的时候不断给你发短信，你需要根据你们的互动关系进行判断，决定采取什么样的回复内容及方式。如果女生直接给你打电话，你一定要接，然后顺利开启电话聊天模式。

（2）开场白的禁忌

电话聊天时，开口第一句话尽量避免出现“你有空吗”“你干什么呢”或“你在哪儿呢”等话语。

原因如下：第一，以上话语展现出的是你的低价值，女生从电话中听不到有吸引力的内容，无法引发她们跟你进一步聊天的兴趣并增强她们对你语言的关注度；第二，这种询问词是在强迫对方开启聊天话题，容易引起女生的不适，进而导致聊天框架的坍塌和聊天路径的断灭。

（3）正确开场白示范

那么，正确的开场白应该是什么样子的呢？

① 开门见山，直白爽快。

例如：

男：“这档综艺栏目最近特火，你看了吗？”

男：“K 公司最新的手机品牌发布会，你看了吗？”

男：“昨天有个人在 ×× 路公交站附近遭遇了交通事故，你知道吗？”

诸如此类的话题，由你主动提及，引导对方进行进一步的沟通交流。

② 以适度夸张的称呼作为开场白。

例如：

男："美女（或对方昵称），可想死我啦！"

注意说话的语气要带点戏谑的味道，情感张力十足。只要能让你和女生关系融洽的话都可以说，但切忌说得太多。一般听到此类话术的女孩，大多会给予积极回应。

③利用已经聊过的话题作为开场白。

例如：

男："你还记得上次我们说过的那个牌子的背包吗？我前两天买了一个，拿到手发现确实很结实啊！而且周围人都觉得还挺好看的。"

让第一印象为彼此间的舒适感加分

通过前端铺垫，你如果成功地让女生接听了电话，这就说明她已经对你有了一定的兴趣。接下来，你需要根据双方电话聊天的特点，跟女生在保持一定舒适感的前提下，建立起有效的情感连接。

首先，你的声音、语调、语速应该和真实约会时的状态保持一致。用语要清晰、准确，声音要有一定的活力，语速则应适中。至于对自身声音的练习方法，我们会在后面的章节里进行详细解释。

其次，你要学会微笑，心态上保持积极健康，说话要真诚、风趣、有礼貌，要让女生通过电话就能感受到你的“正能量”。

再次，聊天内容应该从彼此的基本信息开始，逐渐分享生活、工作、娱乐等有价值的信息，在此期间不断推动你们的舒适感升级，最终实现彼此关系的不断升温。整个过程中，要注意细节，利用铺垫好的话题循序渐进地展开、深入。

例如：

> “我刚刚在大学城里吃了一份豪华牛肉面套餐……现在我感觉肚子里好像有三头大笨象在奔跑……”
>
> “早上经过地铁站时我看到一个老奶奶坐在轮椅里讨钱，我就给了她一些零钱。等晚上下班的时候，我又看到她了，她竟然站着乞讨，我瞬间觉得自己受到了一万点伤害……”

聊天一开始，你要将自身的优点（尤其是性格方面的）尽量展示出来，比如乐观的个性、说话风趣、言语文明等，在女生眼里，这些都是你的加分项。

有了一定的了解后，女生可能会对你进行“筛选评定”。所谓筛选评定，指的是女生会论证你是否经过挑选才选定了她，如果是，则能在一定程度上证明她自身的价值，这种认识有利于双方舒适感的构建。因此，在此过程中，你要尽可能地配合女生的筛选，在她进行积极回应之后，也要及时给予肯定。

比如：

“对了，我记得你穿的是一件有猫咪印花的T恤，你是不是特别喜欢小动物啊？我感觉你是个挺有爱心的女孩子。”

需要注意的是，不要聊一些毫无铺垫的话题，如果你突然询问对方“你会做饭吗”，就会让人觉得很突兀，甚至产生反感。

“舒适感”是一个需要长线铺垫才能实现的结果，从你们相识到相爱，每分每秒的接触都是在积攒舒适感。而最初的舒适感，往往来自你们互相之间分享的生活点滴琐事。

通常情况下，你可以选择告诉女生，你和她聊完天之后发生了什么有趣的事情，或是与这个电话相关的其他话题。

比如：

“那天跟你说完话后，我去找朋友们了，然后……”

怎么应对女生的主动来电

如果女生主动给你打电话，那就说明她对你多少是有一定兴趣的，可能她的内心已经有想要进一步了解你的愿望。这个时候，你不仅要接电话，还要将你的热情、自信等情绪传递给电话线另一端的她。

需要注意的是，不要电话铃一响就接，最好等几秒再接起来，以免女生认为你无所事事，就是抱着手机不放。

此外，很多男生常常忽略的细节就是接电话时的语气和情绪。其实，不管对方是谁，你都应该在接听电话时充满热情，尽量给对方一种积极向上的感觉。因此，你的语气也应该是充满热情与活力的！

回到女生身上，当她们主动打电话给你时，你不要在电话里表现出太多的需求感。

错误示范：

“天哪，你终于来电话了，我好激动啊！从昨晚到现在我一直在想你！”

正确示范：

“你好啊！最近在干吗？我现在正和朋友们在外面呢！”

如果你正忙，则可以根据自己在做的事及她的回答，简单地和她聊几句，然后说：“我正在……晚上 / 明天 /1 小时后给你回电话，好不好？”

如果真的很忙，或实在没什么可讲的，那你可以不接电话，等晚些时候再给她回一个电话。但是要记住，一定要回电话。并且，来电与回电之间要间隔一段时间，具体可以视自身情况而定，但一般最少也应该间隔 10 分钟。

用电话邀约见面

通常情况下，女生与不太熟悉的人约会都会感到焦虑，但不同的个体，焦虑程度也是不同的。作为男生，你可能也不知道约她出来做什么事是对方比较容易接受的。对于这个问题，有一个很有效的方法——给女生提供几个选项。

例如：

“嗨！周三晚上有时间吗？我有个好朋友准备在 ×× 俱乐部办一个化妆舞会，你要感兴趣的话，一起参加吧！你要愿意的话，可以带上你的好朋友。另外，这周末我们打算去 ×× 农家乐露天烧烤，农家乐跟车都联系好了，到时候也一块儿去吧！”

如此，她就可以在更方便的时间点选择更感兴趣的活动。如果她说想带些朋友过来，你要告诉她这都没问题，不过你也会带朋友一块儿去。

确定好接下来的见面时间与地点后，跟她多聊两三分钟再挂电话。

如果与上次通话时间之间间隔太久，或她每次接电话的时机都不大合适，你们的聊天内容很少，你也可以抓住机会跟她多聊一会儿最近的生活与周围发生的有趣的事，保持热度。

等到正式约会的那一天，你要先打电话跟她落实一下，以免对方有突如其来的事情，或发生了一些不可预见的意外。如果你们的约会时间在晚上，你应该在下午时分给她打电话确认。

打确认电话时，要注意你的语速与情绪，态度一定要亲切，且时间不能长，因为你要把更多的话留到跟她真正见面时再说。电话的内容则最好跟你们见面前几天发生的事相关，这样可以在一定程度上降低你的需求感。说话时也不要刻意讨她欢心，那样会暴露你的不安全感。

不怕话多，就怕说错

L e s s o n T w o

在进行电话聊天的过程中，因为电话那边聊天对象的情况不明，再加上聊天环境的差异，你也可能会遇到各种各样的情况。

灵活运用我们上文提及的那些聊天技巧，避免陷入一些暴露你低价值的“坑”中，且执行到位，在为人处世上表现出你可靠的一面，就能在很大程度上与女生建立一种良好的聊天模式。

如果你有过聊天失败的经历，那你就需要更多的实践，更多的电话与更多的联系，这样才能帮助你更多地了解女生的共同点和差异。在此过程中，你也能不断巩固聊天的技巧和诀窍，逐渐融会贯通，总结出适合自己的方法。

发试探性短信注意事项

不要毫无目的地给女生发一些没有任何指向的问题，如“好无聊啊，你在干什么？”“我正在看电视，你在干什么？”等。

切忌不分时间段、不分场合地给女生发短信。过于频繁的短信，会令女生怀疑你的动机和整体素质，甚至对你产生厌恶感。

短信聊天需要采用言简意赅的文字，表达出你的真实想法。如果女生对你短信的内容产生了误解，你是很难通过再发送几条短信解释清楚的。所以，你如果想和女生聊更复杂、更需要感情沟通才能说清楚的事，请放弃短信，直接选择电话聊天吧。

你无法控制女生短信回复的内容，但可以控制自己发送的内容、方向及节奏，多做一些尝试，多练习、多运用，对女生回复的内容详加推敲。同时，不要总是急着回复女生的短信，如你在与女生进行短信互动的时候，每次回复短信的间隔时间可以逐渐地适当延长。

你短信里的一些细节，如某个字、字数、标点符号及句式结构的不同，在女生眼里都可能产生不同的结果。慎用问号，如果一定要用询问的句式结构，句尾可以不用标点。请多用陈述句来表达你的想法。

要让女生从你的短信文字中感觉到你的努力和你的情绪，但注意不要用力过猛，点到即可。

不要在短信中说谎，与其如此，不如多想一些有创意的短信聊天方式，这样更能引起女生的兴趣和好感。

如果你给女生发了一条短信，对方没有及时回复，就不要再发第二条信息了。过一段时间再尝试一次。如果对方始终没有回复，那就证明女生对你没有兴趣，你应该选择及时放弃。

“电聊”的救场方法

电话聊天与社交软件聊天、见面聊天都有很大的不同。

在进行社交软件聊天和面聊的过程中，如果双方出现几十秒的冷场情况，问题不大，且有很多补救机会存在。但在电话聊天时，冷场十秒钟就会让那些性格相对活泼的女生难以容忍，而且此时还很难找到可以借助的力量。面对这种情况，很多女生会选择结束谈话，挂断电话。

如何才能避免在电话聊天中出现冷场情况呢?

如果你们之前已经有过接触和沟通，那在电话或短信聊天时可以继续没有谈完的话题。在这种情况下，话题是双方都关心的，因此聊起来自然会比较协调。

如果你与对方仅仅是搭讪之后的第一次电话聊天，那你就必须做好准备工作。首先，保证自己当时情绪稳定，言语间充满自信，不要在话语中流露出焦虑、恐慌等情绪。其次，你应该提前将与女生聊天的内容，简明扼要地写在纸上，并且进行一定的练习，在达到一定的熟练程度后，即可开启与女生的聊天框架。

不要幻想着女生会永远精力充沛地和你聊天，你必须给她们足够强的动力（如兴趣、吸引力、情感共振等），也要准备足够多的话题（如有趣的故事、各类话术惯例，或上次与女生聊天内容的补充等），这样才能在最大程度上避免冷场的发生。

首次去电不要邀约

在你第一次和女生电话聊天的过程中，可以选择谈谈自己最近几天的有趣经历，最好是能和女生产生联系的事儿，并且想办法延长和她聊天的时间（10 分钟左右为宜），这么做的目的是为了建立你们之间的联系感，增加舒适感，同时巩固你的吸引力。

但对女生而言，你仍然是陌生人，她并不能真正信任你，所以第一次电话聊天时，不要急着发出见面邀约。当男生目的性太强时，是很容易被女生拒绝的。

如何“高价值”地挂掉电话

如果你觉得和女生的电话聊天进行得不错，就可以选择合适的时机挂掉电话。你给出的理由可以是有其他着急的电话打进来，或公司领导催促你去做临时交办的工作等。

如果想让女生对你保持持续的吸引力，你可以对她说有紧急的事情需要办，过几个小时再给她回电话。假如你之后并没有按照约定回复电话，可以选择晚一些通过其他方式（如短信等）解释自己没打电话的原因。

如果女生很忙（正在工作或做其他事情），你可以跟她说等她不

忙的时候你再给她打电话。

如果女生还想和你继续聊天，那你应该尽量予以配合，聊一段时间后再择机结束。

如果在通话过程中，你感觉聊天的气氛比较尴尬，甚至已经是话不投机了，就不要强行聊下去，要当机立断，礼貌地结束通话。

如果女生先挂断电话，你可以选择过段时间（一周左右）再打给她，然后你需要根据女生在电话中流露出的情绪和态度来判断是否有继续聊下去的必要。

如果女生不接电话

女生不接你的电话一般有以下几种状况。

第一，有一些女生确实很忙，或因事情太多没有注意到你打的电话（特别是那些社交活动很多的女生），也可能由于心情不好不想接任何人的来电等。

第二，前期你和女生聊天时，你流露出的目的性较强，需求感过于直接，导致女生对你的信任感比较低。

第三，你的各项条件、表现出的各种素质与女生的要求相去甚远。

总之，无论是以上哪种状况，一方面，你要能理解男女在心理上的差异，主动出击，为自己创造机会；另一方面，也要做好女生确实不喜欢你，不愿意接受你示好的可能。

面对女生不接电话的状况，我们给大家提供两个可以尝试的小方法：

一是选择一天的不同时间段（如早上、中午、晚上等）给她打电话。如果对方接通，用一个有趣、高能量且短小精悍的话术惯例来开场。（此法需慎用。）

二是选择一个时间段，连续打两个电话，如果女生没有接，就冷静一段时间，然后再打。如果重复这样的做法多次，女生依旧不接电话，建议放弃。

但是在完全放弃之前，你还可以发最后一条消息。

最后一次尝试的前提，是她没有接你任何一通电话，你需要给她发一条信息。推荐发微信语音，这样能更好地体现你的诚恳。

这可能是她最后一次了解你的机会了，因此，你一定要慎重对待，具体话术可以如下：

> “嗨，我是××。这可能是我最后一次联系你了，但有一件很重要的事我想对你说。我知道要克服自己内心的不安去认识一个新朋友是很困难的，但是做到这一点真的很重要，因为这是我们迎来生命中挚爱的必经之路。你想，所有我们喜欢的人，无论是朋友还是爱人，都是从陌生到熟悉的。我真诚地建议我们可以好好认识一下，即使最后我们之间并不合适，至少不会留有遗憾。所以，给我也给自己一个机会，来认识我吧！”

迷人嗓音速成法

Lesson

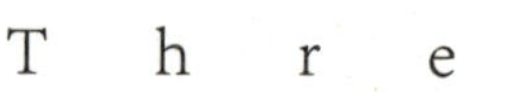

对于大部分女生来说，富有磁性的好听声音都能为一个男生加分。因此，拥有一副令女生喜欢的好嗓音，能够为你们顺利开启关系进行一个极为有利的铺垫。

很多人认为，人的嗓音是天生的，自己声音不好听也只能听天由命。实际上，无论一个人的发音准不准，或是方言口音较重，都是可以通过积极的，具有系统性、科学性的训练得到良好纠正的，甚至能够完全练就一副令旁人迷醉的磁性嗓音。

需要指出的是，对声音进行“整容”需要长时间的训练和坚持，在这里我们给大家讲一些简单实用的练习方法。

音调决定了声音高低并影响音色

在聊天过程中，女生对声音好听的男生是会降低防御并产生安全感的。

这时候，有的人就会提出问题了：“我天生声音就尖尖的，说起话来也没有那种磁性深沉的韵味，怎么办呢？”

如同专业歌手一样，我们需要通过练习掌握一定的技巧，才能拥有自己所需要的音色。

音色的改变，是可以通过改变音调实现的。

例如，你说话很急切的时候，语速变快，音调升高，声音就会变得尖细，甚至会破音，但是你在缓慢说话的时候，一般都会逻辑清晰，指向明确，此时你的音调波形就是平缓的，声音自然而然就没那么刺耳了。

现在，你可以尝试采取两种方式朗读一篇文章：一种是语速很快、很着急地去读，另一种是很缓慢地吐字，用清楚的鼻腔共鸣的方式去读，这两种朗读方式呈现出来的效果是不同的。

通过练习获得人人羡慕的好嗓音

人的声音在电话聊天和面聊中的感觉也是不完全一样的。如果你是比较标准的男低音或烟酒嗓，那么很多女生可能会觉得你的声音很有安全感。

想要在电话聊天中正确发声，首先你要对自己在电话中的语音语调有一个整体的了解。想做到这一点，可以通过一个简单的测试来实现：如与自己的朋友通话或给朋友发送语音，然后通过朋友的手机仔细聆听，在此过程中不断调整自己的语音语调。一定要保证自己的声音是沉稳且富有磁性的，说话的语气要和缓，节奏不要太快，即语速要慢，要给人一种舒适的感觉，切忌尖锐的声音。

大多数女生都是听觉动物，甚至不少女生是“声控者”。她们在和你进行电话聊天时，未必抱着听见电台男主播磁性声音的希望，但一定希望对方是一种正常的、富有男人味的声音，除非你正在模仿某个搞笑明星，否则千万不要发出类似于“伪娘”的声音。

如果你的声音确实尖锐，你可以尝试用自己喉咙和呼吸道的上半段产生共鸣音，你可能会发出一种类似于嘶吼的低音，但这其实不是嘶吼，而是一种比较低沉、富有磁性的声音。再尝试把这种低音与轻度鼻腔共鸣融合在一起，进而化解嗓子比较尖锐的不利因素。

过去武打题材的电影或电视剧中，剧中人物经常发出“huo”“he”等声音，你也可以通过练习这些发音来改变自己原本尖锐的声音。

在与女生电话聊天的时候，想避免高声说话，也可以尝试把下巴往回收一点，这样就会发出一种较为深沉的声音，不仅显得你很成熟，也能增加你的魅力指数。

最重要的一点就是要反复练习，不要觉得枯燥，只有不断地练习才能养成习惯，才能从根本上改变你自身声音的不足，进而得到有吸引力的富有磁性的声音。

改变语调与音色

（1）呼吸方法的改变技巧

背部挺直，双脚与肩同宽站立，双手放在身体左右两侧的肋骨上，尝试打哈欠，你能发觉两边的肋骨会往外扩张，开始的时候动作幅度不大，你甚至感觉不到它在动，多试几次，逐步增加呼气、吸气量，慢慢感受两肋的变化。再次吸气，当两肋扩张时开始吐气。在吐气的时候，嘴里发“si”音，慢慢地、有规律地、均匀地吐气。

刚开始的时候，你可以把一张面巾纸放在嘴唇前3厘米左右的位置，你呼出的气息不能让纸巾上下摆动，要让纸巾始终维持在一个确定的角度。然后尝试着不断增加吐气时间，在你吐“si”的时候不能吸气，只能用之前吸进来的气。每天坚持练习5分钟。

（2）改变呆板音调的方法

汉语有四种声调，包括阴平（一声）、阳平（二声）、上声（三声）、去声（四声）。

常用字词的正确发音，我们在字典里都能找到。想要改变过去对原有调值形成的误区，需要准备一个带有录音及放音功能的工具，然后就可以开始练习了。

汉语声调双音节练习内容如下：

①阴+阴：今天 沙滩 分钟 师专 哀伤 冰川 听说

②阳＋阳：雷霆 岩石 儿童 学习 才能 仍然 从容

③去＋去：报告 现代 目录 再见 训练 判断 热烈

④阴＋阳：观察 中国 天堂 山崖 收藏 发言 安详

⑤阴＋上：书法 山谷 千古 艰苦 商场 终点 思想

⑥阴＋去：听众 膝盖 加入 真正 方面 登记 风暴

⑦阳＋阴：泥沙 雄姿 阳光 黄山 名家 国家 茶花

⑧阳＋上：没有 即使 鼻孔 民主 食品 营养 调理

⑨阳＋去：游历 于是 难道 实际 文化 学校 国策

⑩去＋阴：汽车 大约 乐观 健康 事先 四川 至今

⑪去＋阳：测量 适合 数学 暂时 不能 着急 乐园

⑫去＋上：号码 会场 大海 木偶 彻骨 汉语 赞美

（3）咬字不清的解决方法

第一步：在一面大镜子前，对着镜子用力且充分地把嘴张大，过程应缓慢，张到能在镜子里看到你的舌头为止，然后合上。重复练习这一步骤 10 次。

第二步：在张开嘴的基础上，做大口咀嚼东西的动作，让咬肌得到充分活动。

第三步：快速咀嚼东西的动作变快，加快频率。

第四步：闭上双唇，让口腔内的那口气快速冲出，双唇会发出声音（用力发出这个声音）。

第五步：保持这种口腔形态，然后开始念：“每天这样的练习会让我更有魅力（慢点说，说每个字的时候都要尽量调动全部的口腔肌肉）”。说话的同时，打开整个口腔。

第六步：找一段你喜欢的文字，用刚才夸张的口腔形态把这段文字念出来。

第七步：念熟练后，再用正常说话的口腔形态读一遍，录下来，与之前的发音进行对比。

第八步：重复练习至少一周。

（4）平翘舌（大舌头）的解决方法

只要纠正那些养成习惯的错误读法，平翘舌就能得到有效改善。

具体练习内容如下：

①Z–ZH：在职 杂志 载重 增长 自助 字纸 自重 宗旨

②ZH–Z：张嘴 种族 种子 长子 沼泽 振作 争嘴 重资

③C–CH：财产 操场 猜出 采茶 彩绸 餐车 残春 残喘

④CH–C：车次 唱词 唇彩 纯粹 差错 场次 陈词 成才

⑤S–SH：三十 桑葚 丧失 扫射 私塾 死水 四省 四声

⑥SH–S：上诉 哨所 山色 深思 深邃 神速 神似 申诉

第一步：每个词至少读两遍，如读错了，就再读两遍。

第二步：全部读对后，开始录音。

第三步：如出现错误，再读两遍。

（5）方言的解决方法

通过多练习普通话来纠正。先选一些自己喜欢的普通话朗诵语音或视频，反复地聆听观看，然后进行模仿跟读，把自己的发音录下来，再进行对比，不断修正。

需要注意的是，在进行语调和音色的练习过程中，有的人可能没有意识到自己读错了，所以应该找一些专业的教学音频、视频进行练习。

第四章

打动芳心
只需一面

Chapter 4

在诸多聊天方式中，面聊可谓极为重要的一项，它给女生带来的是更真实、更直观、更有效的聊天体验。

无论在大街上、夜店里，还是在工作学习场所，**如何有效地开场，如何挑选聊天双方都关心的话题，增强你和女生的情感链接**[①]**，利用敏感话题升级关系，**都十分考验男生的综合能力和临场发挥水平。

具体到话术运用层面，经过有针对性的持续训练和改进，你就能够从“隐形人”转变为在女生眼中极具吸引力的“男神”。

---

① 情感链接：指的是通过分享感情与他人建立远超生理层面感觉的联系。

一开口就要能“hold”住场

L e s s o n O n e

面聊会涉及不同的聊天情境，话术技巧和方法自然也不大相同。在这里，我们主要介绍一些在各种情境里的面聊开场白实用技巧（其他的环节，如展示面建设也极为重要，但不是本书讨论的重点）。

街头搭讪开场白

大街上，男女的流动性都较大。因此对于移动的目标和非移动的目标，你要采取不同的策略。对于那些正在行走的女生，你在准备与她（们）进行直接搭讪开场的时候，尽量避免肢体上的接触，否则女生有可能受到极大的惊吓；同时，你一定要出现在女生的面前（而不是身后），要在她们能注意到你的地方开口讲话。

（1）对处于移动状态的女生进行搭讪

例如：

男："你好……（等待女生停下来）……我没有恶意……"

女："什么事？"

男："刚刚和你擦肩而过，我觉得你很特别，如果不上来跟你说句话，我一定会后悔的。"

女："特别？你觉得我哪里特别了？"

（如果女生直接拒绝，你可以选择下一个目标。）

男："我觉得你身上有一点非常吸引我，这个城市有太多美女了，但是给人感觉很自然、很友善的美女并不多。所以，我很想知道跟你说话是什么感觉。现在我感觉……（停顿）……有点儿紧张……"

又如：

男："嗨，请稍等一下，我只有一分钟的时间，如果我不跟你打个招呼认识一下，我一定会后悔的。因为漂亮的女孩儿那么多，但你给我的感觉非常特别。”

“等一下”是让女生停下来，“只有一分钟”是假性时间，“会后悔”给女生一个非常合理的原因，“漂亮的女孩多，而你很特别”则是关键词。

又如：

男：“我想问一下洗手间 / 实验楼怎么走？”

女：（伸出手指着前面。）

男：“……我知道，其实我只是想认识你，不过刚才有点儿紧张。”

可以先给女生第一印象后再表明你的意图，这样能在一定程度上避免一开口就被拒绝。

（2）对处于非移动状态的女生，可选择的话术

例如：

男：“我是 ××，成都人，今天来这里是……听你口音不是本地人吧！”

女：“我是杭州人。”

男：“杭州？那里的女生都长得像你一样可爱吗？有机会我好想去看看……”

再如：

男："我很想认识你，但觉得没有更好的方法了，所以就直接过来跟你打个招呼，我叫 ××。"

开门见山，非常真诚地说出了自己的意图。

又如：

男："我刚才在那边等朋友时看你经过，觉得你很有气质 / 好可爱 / 很特别，所以很想过来跟你打个招呼，认识一下。"

描述出搭讪前的情景，让女生知道你为什么而来。

或者：

男："你好，我觉得你很有气质，所以非常冒昧地过来想认识你。"

"冒昧"两个字强调你并没有恶意，希望女生放下警惕。

固定场所开场白

在某些户外固定场所，如商场、娱乐场所，或者女生能够长时间停留的地方，男生可以尝试使用"意见开场白"。意见开场白，顾名思义，就是希望女生给出一定的意见，这样的开场白不容易暴露你的需求感，但这种方法最好与所在场景进行"搭配使用"。

例如在化妆品店：

男：“你好。我有一个在国外的朋友，她要我帮她买一盒面膜，但我对这些东西一窍不通，而刚刚那个柜台的业务员给我推荐的都是非常昂贵的产品。你知道哪些品牌是质量不错而价格又比较合理吗？”

一般情况下，女生对自己熟悉的东西都有一些看法。在此类话术引导下，你与女生的聊天框架基本上就能搭建起来了。此时，能不能顺利聊下去，关键就要看你的临场发挥水平和话题转换能力了。

又如在礼品店，男生结合场景使用意见开场白，收到了很好的搭讪效果：

男：“嗨，你好，我想听一下女生的意见。过几天是我妹妹的生日，她现在在外企做文案策划，你觉得这里什么礼物会更适合送给她？”

又如在某休闲场所：

男：“不好意思打扰了。如果你对一个人没有兴趣，但是又不想伤害人家，通常会怎么说？是这样的，我朋友和他女朋友正在试着撮合我和另外一位女生……嗯，那个女生很可爱，却不是我喜欢的类型。我应该怎么对她说呢？我想听听你的意见。”

在某些场合，如餐厅、咖啡厅，你和女生偶遇了，而女生在此停留的时间又不确定，那么你就可以用服从性开场白，这样比较有利于后续话题的展开。

例如在 × × 咖啡厅（餐厅），当你偶遇心仪的女生时：

男：“嗨，你好，能帮我看一下咖啡吗，免得被服务员收走了，我去一下洗手间，马上回来。”

女生一般不会拒绝你的请求，当你从洗手间回来后，可以运用一些话术转换惯例和女生开启聊天模式。

酒吧夜店开场白

酒吧、夜店等场所比较放松随意，因此，那些直白、感情色彩强烈的开场白反而更为合适。

例如：

男：“你好，我和朋友玩骰子输了，他们让我过来和你喝一杯，然后再亲你一下……”

女：“啊？那怎么行！”

男：“哈哈，没关系，先喝一杯好了。”

女：“好吧！”

男：“嗯，你看我朋友还在那边看着我呢，我好没面子啊！这样好不好，我就亲一下你的手背，就像国外绅士那样……”

社交场所开场白

社交场所较为正式、拘谨。在这一场所进行搭讪，你要学会微笑，在巧妙利用自己肢体语言的同时，要保持情绪的镇定、话语的清晰自然。同时，不要暴露自己的需求感，最好能让自己成为社交场所某一个群体的领袖，让女生们能围绕着你。这样，在传递高社交价值的过程中，就能顺利与你的目标女生进行搭讪。

例如男生可以这样开场：

> “刚才我和朋友在讨论一些话题，我们想知道女生到底是怎么看待这个问题的：女生喜欢一个有女友的男生，她应该去追吗？”
>
> “女生应该对男友玩真心话大冒险表示生气吗？/你们觉得男生和女生谁更喜欢说谎？”

这种开场方式能有效地打开话题，最好加上假性时间限制，即要向女生表明自己不会停留太长时间，不会占用对方太多时间，以此来消除对方的担忧。

又如：

> 男：“我刚刚跟朋友在那边聊天，我朋友说很喜欢你这种类型的女生，而他自己又不好意思过来，于是就怂恿我过来跟你搭讪了。”

利用“朋友”或其他借口，替自己打开话题。

又如：

男：“我需要一些女生的观点，如果你跟某人交往了三个月，他不想你跟他的某个朋友太亲近，你会怎么回应？这个被怀疑的人跟你之间真的只是普通朋友，不会发生什么事。我这么问是因为我朋友跟他女友交往了三个月，他女友希望我朋友跟原来的异性朋友保持距离。”

校园搭讪开场白

相较其他场合，校园带来的安全感和舒适感更强一些。

（1）在面对校园里处于移动状态的女生时，男生的开场白要展现出自己的真诚，要让自己看上去有趣、快乐

例如：

男：“哈喽，我已经看到你在我周围出现好几次了，但我们却不认识，你叫什么名字啊？”

又如：

男：“嗨，我经常来这所大学办事，但我之前从来没有见过你。能知道你的名字吗？”

又如：

男：“你喜欢这本书呀，我也挺喜欢的，因为这里面的主人公……不如我们加个 QQ 吧，以后可以一起谈论读书的事。”

（2）如果面对的是校园里非移动状态的女生，可以选择以下开场白

男：“你喜欢布偶猫吗……（停顿）……小时候，我们邻居家有个女孩儿常被我欺负，但她一见到布偶猫就破涕为笑，我叫她刁蛮小公主。你长得特别像那个小女孩，特别是眼睛。”

实际上，你可以根据女孩喜欢的宠物、玩具、书籍及其他小物件等进行临场发挥。这种方式能有效开启与女生的聊天话题。

会聊天，让她无法拒绝你

L e s s o n T w o

相较社交软件，面聊有其独特的优势，它可以借助的元素较为丰富，比如，在话题的方向上，在聊天的范围和应对策略上也更具多元性。

无论你是见多识广、博闻强记，还是专攻一业、可比专家，抑或对很多东西都是浅尝辄止、流于表面，都应该记住，在和女生面聊时，不能自顾自地说话，而要在现场环境中灵活运用话术技巧，加强互动，增强彼此对对方的了解。

“面聊”话题猜猜猜

在搭讪成功后，如何有效地组织话题，构造具有延展性的聊天框架？你可以尝试从以下几个方面开启聊天话题。

（1）关于工作、学习和生活

谈论工作、学习和生活的话题，可以让你和女生对彼此的基本信息，包括生活态度与人生追求都有一个大概的了解，这样更容易打破冷场的局面，引起双方共鸣。需要注意的是，你应该尽量挑选一些有趣又无伤大雅的话题和故事来分享。

例如：

男：“如果我没猜错，你一定在国外留过学，对吧？”

女：“是啊！你怎么知道？”

男：“因为我以前在英国留过学，毕业后留在那边工作了几年。有过留学经历的人可能在气场上有些不同，我基本看一眼就能感觉出来。不过，你是唯一一个我不太敢肯定的。”

又如：

男：“你是做什么的？”

女：“你猜。”

男：“是老师吗？”

女：“哈哈，你好聪明，一猜就猜错了……你是做什么的？”

男：“你要听真的，还是假的？”

女：“当然是真的。”

男：“其实我是魔术师，如果一会儿你能请我喝杯饮料，我就能帮你完成一个心愿。”

又如：

男：“你在幼儿园上班啊，是做幼教工作的吗？”

女：“是呀。”

男：“我想请教一下，用什么方法能让一群精力旺盛、调皮捣蛋的小孩子乖乖睡午觉？”

女：“其实还好啦，让他们养成睡午觉的习惯就好了。”

男：“我记得我上幼儿园的时候就特别不爱睡午觉，不但不爱睡，还经常把隔壁的小女孩拉起来，让她陪我玩。”

女：“啊，幸好我们班没有你这种小孩。如果有的话，我会坐他旁边，盯着他，直到他乖乖睡着。”

男：“哇，你这招挺好用的。那时候啊，我的老师忍无可忍，就给我开了个豪华单人间，让我在里面午睡——其实就是老师的办公室。所以，我睡了很长一段时间的办公室，直到我发誓再也不拉隔壁的小女孩起床为止。”

女：“哈哈，你太调皮了！”

又如：

男：“把 HR（人力资源主管）们都拉出去打三十大板，然后再审，我敢肯定没有一个冤假错案。”

女：“哇，HR 得罪你啦？”

男：“在我看来，大多数 HR 就知道欺负员工。为什么你一点儿都不像我了解的 HR 呢？你这么善良温柔，能镇得住难缠的员工吗？”（在玩笑开过头之前，要适时地往回“拉”。）

需要注意的是，这类带有贬损意思的玩笑不能开过头，否则会适得其反。

又如：

男：“你小的时候，家长为了不让你晚上出门，有没有说过类似于‘晚上有人贩子抓小孩’之类的话？”

女：“有啊，还有什么‘狼吃孩子’之类的。”

男：“知道我们家里是怎么吓唬我的吗？”

女：“不知道，怎么吓唬的？”

男：“我奶奶说，晚上出去小心月亮掉下来砸死你。”

女：“哈哈……”

（2）关于亲朋好友和个性特征

谈论亲朋好友和个性特征，可以加深你和女生之间的了解，增强彼此的信任感，活跃聊天气氛。需要注意的是，当你对女生的情况一无所知时，可以简单提及关于她的话题，使用时一定要谨慎。

例如：

男：“我一个表姐新买了一条围巾，我觉得你要是戴上一定比她戴更好看。”

又如：

男：“你喜欢红色吗？你身上的红色裤子真的很特别。”

如果女生有酒窝，可以这么说：

男：“你的酒窝里简直像盛满了蜜，看着都好甜啊！”

又如：

男：“我今天太郁闷了。”

女：“怎么了？”

男：“中午朋友过来，我准备做个拿手的可乐鸡翅，于是去菜市场买鸡翅。买完快走到家才想起来忘买可乐了！于是折回去买可乐。等我拎着可乐回到家，才发现把鸡翅落在卖可乐的商店里了！这还不是高潮。我赶紧放下可乐去找鸡翅。当我终于拎着鸡翅回家后，发现家里那几个朋友居然已经把可乐喝光了……”

女：“哈哈……损友太多！”

又如：

男：“我身边好多损友，不过也有那种特奇葩的。”

女：“哈哈，也不能全是损友吧？”

男：“跟你说一件我朋友身上发生的事吧！他人其实挺不错的，就是爱占点儿小便宜。比如超市搞促销，试吃什么的，他知道了一定会去。”

女：“然后呢？”

男：“有一次我和他一起去逛超市，他发现了一小堆人围着一个试吃现场。他也不管人家在促销什么，挤进去就说自己也要试吃，结果人家卖的是专门针对女生的补品。你都不知道当时促销小姐看他的那个眼神……哎，我在旁边都觉得好丢人啊！”

女：“哈哈……”

又如：

男：“我发现现在已婚男人的日子多半不怎么好过啊！”

女：“怎么了？”

男：“是这样的。我之前不是换了一次手机号吗，当天晚上突发奇想，就给六七个平时关系不错的男同事群发了一条信息：‘亲爱的，我换号了，以后记得常联系哟！’接着就关机睡觉了。第二天上班，我见收到我信息的男同事大都脸色憔悴，还有一个人的脸上似乎还带着伤呢！”

女：“天啊！你也太坏了吧！”

又如：

男："我小侄女长大了绝对是人精。"

女："啊？为什么？"

男："她现在快两岁了，她妈妈准备给她断奶。有一天晚上她哭着要喝奶，她妈妈坚决不同意。你猜怎么着？她哭着追到卧室，手里拿着1块钱的钢镚儿，可怜巴巴地说：'妈妈，我就喝1块钱的。'"

女："哈哈，太可爱了！"

（3）关于兴趣爱好

一般人都有自己的兴趣爱好，即使是性格比较孤僻的人，也是有自己的兴趣点的。

而大多数女生喜好的事物是大同小异的，如美食、星座、服饰、八卦、化妆、宠物、音乐、绘画等，这些都是可以谈论的话题。

如果一开始确实不清楚女生有哪些喜好，你可以先谈谈自己的爱好，通过抛砖引玉来寻找你和女生在兴趣爱好上的共同点。

例如：

男："你是什么星座的？"

女："摩羯，你呢？"

男："我是人见人爱的……（停顿）……你猜？"

女："（扑哧一笑）你肯定不是土相星座。"

男：“我是风向的。”

女：“肯定不是水瓶，水瓶座的人都很古怪。”

男：“请继续。”

女：“双子？”

男：“不是。”

又如：

男：“听说你画画不错，从小就喜欢吗？”

女：“对啊，你怎么知道的？我很早就开始画了，小时候还得过奖呢！”

男：“这个特长挺好的，能够把心中的美好记录下来。”

女：“我家里存了好多画，改天有机会拿给你看。有一部分还是我小时候画的，到现在还留着……”

又如：

男：“你现在练的是什么乐器？”

女：“大提琴，也是刚开始学习。”

男：“我认为大提琴是最有质感的乐器。”

女：“是吗？”

男：“大提琴的低沉会把乐手衬得特别性感……”

（4）关于聊天场景，如环境和氛围

你可以利用你和女生聊天场景之内，或者周围的人物、景物以及其他事物，来开启聊天对话。

例如：

男："你肯定经常去 ××。"

女："为什么这么说？"

男："因为我在那儿经常看到你这一款的女生。"

女："嗯？我是哪一款呢？"

男："是……"

又如：

男："上次我跟朋友来这附近喝东西，他点了杯'初恋的感觉'，喝了一口说原来初恋的感觉是这样啊，然后让我也试试。我一喝就后悔了，原来就是杯苏打水。看来卖家心里是有遗憾的，真坑爹啊……"

又如：

男："平常坐车的时候，我喜欢坐在靠窗的位置，这样可以看着窗外的风景与自己擦肩而过。你喜欢这种感觉吗？"

又如：

男："昨天我去坐了过山车。"

女：“怎么样，是不是很恐怖？”

男：“是的，尖叫声此起彼伏，唾沫星子横飞，关键是下车时我旁边哥们儿的嘴里竟然多了一块口香糖，这下给他气得呀！”

女：“哎呀，好恶心！”

又如：

男：“今天和朋友去吃自助餐，差点笑翻了。”

女：“怎么了？”

男：“后面那桌的姑娘太能吃了，听见她男友说：‘让我吃会儿吧，老让我去拿，每次回来桌上都空了。’”

女：“哈哈……”

又如：

男：“我昨天冻感冒了。”

女：“啊，吃药了没？”

男：“没，我去医院打点滴了，给我扎针的护士手一直在抖。我以为她是个新手，于是安慰她说没事，不用紧张，谁知护士回了句：‘我早上出门太急，忘了穿秋裤。’”

女：“哈哈……”

（5）关于社会话题

利用当下的流行资讯，如热门影视剧、报刊文章、有趣事件等，能轻松开启话题。

调侃一些名人大咖，聊聊他们的八卦新闻、搞笑段子，也能调动起女生的情绪。

例如：

> 男：“最近热播 ×× 剧，好搞笑啊，你看了吗？那里面的男女主角……”

又如：

> 男：“你看娱乐新闻了吗？最近 H 和 F 又传绯闻了，你觉得他们是真的在一起了吗？”

事实上，跟女生聊天并不限于以上列举的这些方向和话题。关键是你要能端正自己的思想，以自信真诚的态度和女生聊天，能聊的话题往往能信手拈来，完全用不着那些搜肠刮肚、苦思冥想而来的无聊谈资。

“面聊”开场注意事项

聊天的话题应尽量限定在两个人共同感兴趣的范围内。不要让女生感到压力，这样才能避免一个人“滔滔不绝”，另一个人却陷入尴尬无聊的境地。

妥善处理女生组合中的“障碍”。无论你在什么场合与女生聊天，都有可能遇到女生的朋友在场。此时，你要照顾好她的朋友（们），最好是能叫上你的“僚机”（配合你搭讪女生的兄弟），帮你引走“障碍”，展现你的高价值，从而减少“不必要的意外”。

你和女生的聊天氛围减弱之后，有的女生可能会不断地看表，表示出想走的意图。在这种状况下，你应该用自然的方式主动结束你们之间的谈话，使她能够放下顾虑。如果她对你确实有兴趣，则会期待与你再次见面。

确认距离，“升温”情感

L e s s o n T h r e e

与女生展开话题之后，你要保证话题的延续性，避免出现冷场。

要在聊天互动中增强自己的吸引力，通过给女生带来舒适感和彼此间的有效情感链接，让女生消除戒心和不信任感，对你更亲近，更愿意和你畅聊下去。

建立彼此间的安全感和信任感

在面聊开启之后，女生因为对你还不熟悉，所以内心都会存在一定的不安全感。为了能够让她对你放下戒心，你需要通过聊天让她尽快了解你，并对你产生安全感和信任感。

例如：

男：“我在T公司担任项目经理，工作就是管人管钱管项目。其实，我是被人忽悠了，才进入这家公司的。”

女：“为什么啊？”

男：“面试的时候，我一路过关斩将，拿到了这家公司的录用函，但当时我手里其实还有其他几家大公司的录用函，我未必会选择来现在这家公司。但是，当时的面试官，也就是我现在的领导向我许诺，如果我来他的部门，我可以直接晋升到管理层。我一听，感觉幸福来得太快了，冲动之下就点头答应了。你想啊，应届毕业生刚进公司直接就能做管理，这种机会上哪儿找去？结果一进公司，我傻眼了，发现我们部门就俩人，除了我，就是我现在的领导。”

女：“哈哈……你领导好坏。”

男：“当时我郁闷坏了，但是无奈卖身契已经签了，不干也得干。不过还好，这个部门虽然刚刚起步，但是我们现在做的业务非常有前景，发展空间也大，不出几年，我就能升到主管的位置了。”

女："那你现在升了吗？"

男："今年年底就可以升职了。我的领导已经再三向我保证，这次是实打实地升职，绝不会再忽悠我了。"

又如：

男："我至今仍记得我做第一份销售工作时的经历。"

女："是么？说说看。"

男："我面试的时候把自己吹嘘得特别厉害。"

女："然后呢？"

男："我就被录取了，他们后来跟我说，公司就需要我这种脸皮厚的年轻人。"

女："哈哈……"

又如：

男："记得上学那会儿我遇到了一个数学很好的体育老师。"

女："是吗，怎么好了？"

男："那次他让我们绕着操场跑五圈，我一口气跑了七圈，然后对老师说：'老师，我多跑了两圈。下次我是不是只要跑三圈就好了啊？'你知道我们老师说啥吗，差点把我气死。"

女："说什么啊？"

男："他说：'我不喜欢欠别人的，这样吧，你倒着跑两圈就算是还给我了。’”

女：“哈哈……”

又如：

男：“想起读书的时候，现在还有好多经典的画面存在我的脑海里呢！”

女：“是呀，读书的日子总是美好的。”

男：“我想起一件事，估计我那室友现在还嫌弃我呢！”

女：“什么啊？说说……”

男：“就是高中那会儿，我上的是全日制封闭高中嘛，需要住校。有一次大半夜的，我被冻醒了，发现自己的被子不见了。当时睡得迷迷糊糊的，就错把下铺兄弟的被子当成自己掉下去的被子了，然后顺着楼梯爬下去，抓住他的被子就一个劲儿地往上拉，拉着拉着就拉不动了。但我当时还没清醒，也没多想，就这么僵持了十几秒，我终于彻底醒了，往下铺一看……我永远忘不了我室友的样子：双手死死地抓着被子，一脸惊恐地望着我……”

女：“哈哈……你快把别人吓死了！”

又如：

男：“还记得上学那会儿，好多好玩的事，现在想想挺有意思的。”

女：“是啊，是挺怀念的。”

男：“我记得以前我们班有一个多愁善感的哥们儿，有一天他失恋了，就一个人站在树下说：‘哎，心情不好的时候连空气闻起来都是臭的。’紧接着，他身后另一个哥们儿说：‘不好意思，我刚放了个屁。’”

女：“哈哈……笑死我了。”

又如：

男：“我脾气特别坏。”

女：“是吗？”

男：“记得以前上学，有一天同学踩了我一脚，我让他有种就放学后在校门口等着我。等我吃完晚饭遛弯时，远远地看见他还站在那儿等，我的气才消了。”

女：“哈哈……”

陈述自己的学习、工作经历和愿景设想，不仅能给女生带来一定的安全感和信任感，而且还能从侧面展示出自己的高价值，提升你在女生眼里的魅力值。

分享你的敏感面

通常情况下，你需要向女生展现你阳光、自信、勇敢、坚强的一面。但偶尔也可以向她们展现一些你的敏感面（指脆弱或真性情的一面，而非负能量的东西），这样能让女生觉得你更真实，也更容易接近，同时也有助于你们的聊天往更深处发展。

例如：

男：“你知道什么是猪一样的队友吗？”

女：“是什么？”

男：“上次和同事出差，住在天津很有名的一家宾馆，为了省钱我俩开了一间房。同事贪小便宜，把安全套装包里带走了。退房时才知道，这么高档的宾馆，套套竟然是收费的。”

女：“哈哈……然后呢？”

男：“然后俩大老爷们儿，就在前台交套套费咯！那个女服务员的表情我一辈子也忘不了。”

女：“哈哈……你太衰了。”

又如，当女生说你油嘴滑舌的时候：

男：“其实我小时候可呆萌了，所以总迟到。”

女：“呆萌跟你迟到有什么关系？”

男：“嗯，你听我说啊！老师就问我为什么老迟到。”

女：“为什么啊？”

男：“因为路上有标志：前方有学校，请减速慢行。”

女：“哈哈……你这是傻吧！”

又如：

男：“我们一人说一件尴尬的往事吧，你先来。”

女：“好……（说自己的尴尬事）……该你了。”

男：“三年前，我进了一个单身群，我们约定，谁结婚了就自行退群，三年后我成了群主。”

女：“哈哈……”

进行“人格筛选”

（1）筛选的目的是为了平衡你和女生之间的社交地位

让女生知道你的喜好（但要自然，展示的标准不要太高，否则会弄巧成拙），增强你对女生的吸引力。

例如：

男：“看，我养的两只哈士奇很可爱吧！我觉着养宠物能提高人的幸福感……对了，你对养宠物怎么看？”（给女生看你手机相册里的宠物照，很自然地提出筛选问题。）

女：“我也挺喜欢宠物的。”

男：“那你也养宠物吗？不会是QQ企鹅吧？”

女：“当然不是啦，我养了一只猫咪，养得可好了……”

男：“看不出你也挺有爱心的嘛！现在养宠物的人挺多的，但是不少人却不得其法，反而可能害了宠物……”

又如：

男：“对了，你喜欢哪个歌手？我猜会不会是周杰伦？”

女：“我不喜欢他啊！其实我挺喜欢摇滚乐的，尤其是Beyond 啊。”

男：“我也挺喜欢他们的。我上次去香港玩还看见过阿Paul 呢！”

（2）可以在实际场景中灵活运用的标准问话

①外貌篇。

a 你有纹身吗？（自行设定喜欢或者不喜欢纹身的女生。）

b 你有多高？我喜欢稍微高一点儿的女生。

c 你平时化妆吗？淡妆就很好了，浓妆的姑娘会让我产生有两个女朋友的错觉。

d 你会每天喷香水吗？

e 你一般是穿高跟鞋还是平底鞋？据说高跟鞋是区分女人和女孩的标志。

f 你会为男朋友改变你的穿衣风格吗？

g 你买衣服会征求男朋友的意见吗，还是自己喜欢就好？

h 你会为了男朋友去挑战一件困难的事吗？比如减肥。

i 你对自身的穿衣有哪些标准？

j 你介意和男朋友一起穿情侣装吗？

k 你会在跟男朋友共处一室的时候，选择性感的装扮吗？

l 你平时注意自己的发型吗？多久去一次理发店？

m 你最喜欢的穿衣风格是什么样的？

n 如果你看到很帅的男生从你身边走过，你会多看他几眼吗？

o 你觉得一个女生是身高重要还是身材重要？

②内在篇。

a 你是那种会经常翻男朋友手机的女生吗？

b 我觉得爱情应该是相对自由的，你是那种喜欢整天缠着男朋友的女生吗？

c 如果你遇到了困难，你会第一时间找父母求救，还是先靠自己，解决不了再寻求帮助？因为我觉得女孩子还是有一点儿独立能力更好。

d 你会唱歌吗？我是声音控哦！

e 你会画画吗？我曾经特别迷恋一个会画画的女生，感觉她身上有一股浓郁的艺术气息。

f 你会做饭吗？现在会做饭的女生不多呢！

g 你温柔吗？我觉得温柔是女人的杀手锏。

h 你平时做家务吗，还是都是爸妈帮着做？

i 你平时注意锻炼身体吗？会选择去健身房吗？

j 你有什么特别的爱好吗？比如收集一些小饰品什么的。

k 在不开心的时候，你一般会做什么事？

l 如果有一天你受委屈了，而且错不在你，你会怎么处理这种不开心？

m 你的异性朋友多吗？

n 如果你的闺蜜看上了你的男朋友，你会怎么办？

o 你爱的人伤害了你，你会离开他还是再给他一个机会？

③为人处世篇。

a 你跟爸妈的关系怎么样，会对男朋友的父母像对自己父母一样吗？

b 如果男朋友生病了，你会怎么办？

c 如果你和男朋友吵架了，你会选择冷处理吗？

d 前男友过来找你复合，你会采取什么态度？

e 如果男朋友在事业上遇到困难，你会怎么办？比如创业失败之类的？

f 如果有一天，你看到男朋友和前女友在一起吃饭，你会怎么办，是相信男朋友还是直接上去指责对方？

g 你约会会放人鸽子吗？我不接受别人放我鸽子，这比被拒绝糟糕太多了。

h 第一次约会，你会让男生牵你的手吗？

i 你愿意在约会的时候，偶尔替男朋友买单吗？

j 如果约会的时候男朋友迟到了，你会怎么办？

k 如果男朋友带你回他家里吃饭，你会跟他一起吃饭，并在饭后收拾桌子、洗碗吗？

l 男朋友带你参加朋友聚会，你会怎么表现？

m 如果，我是说如果我们在一起了，但是你不是很讨我爸妈的喜欢，你会怎么样，会果断离开吗？

n 你是那种男朋友对你很好，你一旦习惯后就会满不在乎的人吗？因为我曾经遇到过这种女生。

o 你跟你的前男友还有联系吗？为什么？

04
Chapter

乘胜追击，“住进”她心里

Lesson Four

通过之前的逐级铺垫，你和女生的聊天框架已经搭建起来，并且有了一个良性互动的过程。

如果女生的各项反馈良好，这个时候你就不要再在原来的阶段“停滞不前”了，而应该“激流勇进”，果断推动你们的关系不断向前，直至最终确立关系。

在这里，我们只是为广大男生提供一些常用的令彼此关系升温的方法。具体到实战环节，还需要你们灵活运用。

升级彼此关系的四大技巧

（1）合理利用性张力话题[①]

在聊天过程中，有些男生总感觉与女生的关系无法深入，其中一个重要原因就是没有引入性张力话题。

适时引入性张力话题（一定要在相对私密的环境里），能让女生觉得你有切实想跟她成为男女朋友的意愿。如果在后面的聊天进程中，你能持续增加你对她的吸引力，那自然可以顺利升级你们之间的关系。

例如：

女："今天做了一件很'二'的事，结果闺蜜说我不正常。"

男："什么事？难道是性怪癖被你闺蜜发现了吗？"

女："晕！你怎么不说我性冷淡。"

又如：

女：（女生在说话。）

男："嘘……你话太多了，想不想亲我？"

女："不知道……"

（你直接亲吻。）

又如：

① 性张力话题：包括感情状态话题和性话题两种。

男:“你的接吻技术怎么样? 从1到10,你给自己打多少分?”

女:“6分吧!”

男:“我不信。”

(看着她的眼睛,如果气氛很好,你可以直接吻她。)

又如:

男:“据说,狮子座和射手座会有心灵感应。我猜你现在穿着白色的内衣,对吗?”

女生听到这句话时,第一感觉是想低头去看自己的身体,所以毫无疑问,这句话会让女生在第一时间产生遐想。其实这句话的隐藏含义是:“我想看到你的内衣!”

当然,星座与内衣颜色都只是打个比方,此处换上其他星座和其他颜色,都是无所谓的。

(2)角色扮演话术技巧

除了最开始跟女生搭讪时使用角色扮演降低女生对你的抵触情绪外,此时利用角色扮演游戏,也能够在你们关系更进一步的状态下,避免一些现实中的尴尬和唐突,让你们的所思所想及想要做的事情,通过虚拟的角色表达出来。

例如:

男:“如果让你穿越到《西游记》的世界里,你选择当谁?”

女：“孙悟空。”

男：“我喜欢他的性格，敢于打破常规。那我就选择做唐僧吧，正好管着你。”

女：“才不要。”

男：“不过你不会淘气地到处惹祸吧？”（怀疑地看着她。）

女：“不会。”

男：“（拉住她的胳膊）那我可以把你从五指山下救出来了。（看着她的眼睛，抓着她的手臂，把她推开一点）你会不会保护为师？不会的话，我想我还是别救你了。”

女：“当然会啦。”

男：“（抓着她的手臂，把她拉近一点）乖徒儿……（拍拍她的头）……你知道吗，我感觉你一定会听我话，不惹祸的。你知道为什么吗？”

女：“为什么？”

男：“你让我想起了小明。他是我大学室友，年龄在我们班里是最小的，但他是最认真的，也是最努力的。他总是会严格地完成老师布置的作业，而且对自己的生活也控制得很好。我们是很好的朋友。在学校里，除了上课，我们还常常在一起活动，比如K歌、做兼职、参加社团活动，等等。我们很谈得来。知己难求嘛，我觉得自己很幸运。（语气开始变低沉）可是后来因为女朋友要去国外读书，他就出国了，现在我们很久很久没见面了……（开始微笑）以前大家因为他很活泼，就给他取了个绰号叫‘小猴子’，他和你来自同一个地方。”

女：“哦？那以后我会罩着他的。”

男：“（搂住她的肩膀）好啦，悟空，为师饿了，快去替为师化缘吧！”

不管双方关系处于何种状态，角色扮演都能通过脱离现实世界的虚拟性来增强两性关系。只要你能控制好彼此关系的走向，积极引导女生从中获得舒适感，就可以不断提升你们之间的亲密度。

（3）服从性测试[①]

严格地说，服从性测试包含不同的层次和范围。我们在这里讲的是关于聊天部分的内容。

对于新手来说，你需要为女生设计一个服从性阶梯话术，先让她从小的事情开始服从，然后再寻机逐步增加测试的层次。

如果你在做测试的时候，遭到了女生的直接拒绝，那么你就需要继续互动，增强自身吸引力，在合适的时候再对她进行测试。

例如：

男：“×××（女生名字），你渴吗？”

女：“哦，我不渴。”

---

① 服从性测试：指的是让女生做一件小事，或者在互动中让女生做一些事，来调控她的能量等级。

男：“哦……你渴了去倒茶的时候，顺便帮我倒一杯哦。”

女：“好的。”

（女生去帮你倒了一杯茶。如果没有，你则需要继续增强自身吸引力。）

男：“谢谢。”

女：（笑。）

男：“你很贤惠啊！真可惜你不是我喜欢的类型。”

女：“那你喜欢什么类型的？难道是不贤惠的那种？”

男：“贤惠当然必须啦，还要有……”（此处加入筛选。）

又如：

“你要不要坐过来一点儿！”

“让我看看你的手好吗？”

“我们到周围走走吧！”

“把眼睛闭上，我给你看一样东西。”

“要不你坐我腿上？”

（4）有利描述

你和女生对彼此都有了一定的吸引力，并经过前文的筛选之后，如果再通过有利描述，就能更好地巩固彼此之间的关系，为关系的进一步升级打好基础。

例如：

男：“你有三个地方我特别喜欢。”

女：“哪儿啊？”

男：“第一，你的眼睛很漂亮；第二，你的性格很好。”

女：“那第三个呢？”

男：“第三个，嗯……”

女：“是啥？”

男：“你真的想知道吗？”

女：“嗯，是什么呀？”

男：“第三个就是你会一直缠着问我‘第三个是啥’。”

女：“你逗我玩儿呢。”

男：“哈哈……”

又如：

男：“你觉得如果你遇到一个长得超级帅，而且人品好、会赚钱、会做家务、会疼女友，最关键的是，还是单身的男人，你会主动追求他吗？”

女：“会啊，干吗不追？”

男：“那你是什么时候瞎的，这样的一个男人现在就在和你聊天，你却无动于衷。”

女：“哈哈……真不要脸。”

又如：

男：“如果全世界就剩两个男人了，一个丑的像猪一样，另一个就是帅气的我，你会选择嫁给我吗？”

女：“那没得挑了，只好嫁你了啊！”

男：“那我还真不一定娶你！我说全世界就剩两个男人了，可没说全世界就你一个女人啊！”

女：“哎呀！你太坏了。”

又如：

男：“今天到公司，我发现一个男同事被女同事追着打。”

女：“啊，为什么啊？”

男：“我一问才知道，是那个男同事把她吃油条的照片发到了朋友圈。”

女：“因为女生吃相很难看吗？”

男：“不是，是因为油条长得难看。”

女：“哦，好吧。太过分了！”

又如：

男：“假如你下辈子会成为我身体的一部分，你想成为哪一部分啊？”

女：“你为什么会问这么奇怪的问题？”

男：“就是随便问问，你随便回答就好了。”

女：“心吧，这样就能知道你在想什么了，而且最关键的是，只要我罢工你就只有死路一条了！哈哈……”

（经过相关测验，90% 的姑娘会选心。）

男：“别做我的心了。”

女：“为什么？”

男：“因为我总是受伤，不愿意你心疼。”

女：“哦，那我做你的眼睛吧，帮你分清好人和坏人，保护你不受伤。”

（选择当“眼睛”的姑娘也非常多。）

男：“哎呀，好浪漫啊！我喜欢这个答案。”

（此时，你可以为对方唱几句歌：“你是我的眼，带我领略四季的变幻……”借此让气氛更好。）

又如：

男：“呵呵，我发现你变了，变得越来越没有原则了，这样不好。”

女：“我怎么没原则了？”

男：“以前你只喜欢我的优点，现在连缺点都爱不释手了。”

女：“什么呀？你太自恋了！”

关系提升的注意事项

第一次面聊的时候，不要过早就和女生产生亲密行为，这样既不绅士，也可能直接把女生吓跑。

关于隐私的话题（如性话题、闺蜜等），更多需要你的临场发挥，你需要根据聊天的时机和两人关系的进展程度决定是否采纳。

学会真诚地倾听。当女生在说话的时候，你一定要做一个愿意倾听并及时给予反馈的好听众。

学会对女生表达自己的欣赏。

例如：

女："我喜欢做饭，平时经常研究一些新的菜式。"

男："现在会做饭的女孩真的挺少的，喜欢做饭的女孩就更珍贵了！"

巧妙回击“废物测试”

Lesson  Five

当你和女生的关系到达一定程度时，很多女生都会选择对男生进行“废物测试”。所谓废物测试，即女生对男生进行的一个（一系列）考验，目的在于考察对方是否如自己希望的那样，是否符合自己的心中对未来另一半的设想。

废物测试无所谓好坏，对女生而言，它只是在两性关系进化过程中衍生出的一套筛选男生的系统，着重验证男生的言行是否一致，男生身上是否存在自己不能接受的一些特点。

如果你应对得很好，那么就能顺利通过测试，令女生对你产生更强烈的耐心和兴趣；如果应对得不好，那么你和女生之间经过长时间建立起来的舒适感和情感链接就会变得脆弱。

面对非常关键的废物测试，你该如何做呢？

需要记住的一点是，有时候女生要的不是答案，而是你回答问题的方式和态度。

常见的废物测试破解法

（1）自大幽默法

此法不难理解，主要是通过曲解、夸张、调侃等方式，幽默地化解掉女生的测试问题。

例如：

女：“你太瘦了，看上去弱不禁风，这样很没有安全感！”

男：“看不出来啊，你是这么没有安全感的女生。”

或者：

“所以你以后要多请我吃饭啊，把我养好、养胖呀！”

又如：

女：“我怎么觉得你对情感不是很专一呢？”

男：“那是因为你的视力太差了，赶快去配一副新眼镜吧！”

又如：

女：“你真是太烦了！”

男：“像你这种情况，可以考虑一下是否需要遁入空门。”

或者：

“从心理学的角度讲，烦一个人往往是喜欢他的开始。”

或者：

“这样啊，那你多找我聊聊天，就不会心烦意乱了。”

又如：

女：“如果你的女神和我同时掉进河里了，你先救谁呀？”

男：“你不知道吗，我的女神就是××（跳水冠军）啊！”

又如：

女：“你是不是想要泡我啊？”

男：“说实话，我左看右看，上看下看，也没觉得你哪儿长得像方便面啊，你说我要怎么泡呢？”

又如：

女：“你真心不是我的菜。”

男：“我也没说过你能吃我呀！”

（2）反问法

女生提出测试问题时，实际上是启动了一个对你不利的聊天框架。在某些情况下，你可以以反问的形式重新夺回在聊天框架下的主动权，从而顺利转移话题方向。

例如：

女：“你有钱吗？”

男：“我想问你一个问题，假如男生A很有钱但不爱你，男生C并不是很有钱但很爱你，你会选择哪一个？”

又如：

女：“你好像不怎么喜欢我这样的女生，是吗？”

男：“我什么时候说过我喜欢你了？”

（这一范例需要配合一定的场景与气氛，要慎重采纳。）

又如：

女：“你为什么对我那么好？”

男：“对啊，所以你准备怎么回报我对你的‘好’啊？”

又如：

女：“咱俩的星座不合，你说怎么办？”

男：“难道你准备跟我异地恋？”

又如：

女：“你喜欢我吗？”

男：“你想听真话吗？反正我觉得你应该挺喜欢我的。”

又如：

女：“你觉得男生都喜欢漂亮女生吗？”

男：“那你觉得女生都喜欢帅哥吗？”

又如：

女："帮我写个工作总结吧！"

男："可以啊，不过你打算怎么报答我呢？"

又如：

女："我漂亮吗？"

男："那你觉得我说话结巴吗？"

女："什么意思？"

男："我看到美女说话会结巴。"

女："你好烦！"

（3）打压法

这种方法的实质是表露自己的低需求，从侧面展现自己的高价值。

例如：

女："有个男生最近几个月一直送我礼物，我不知道要不要答应他，跟他出去吃饭？"

男："这么点儿礼物就把你收买了啊？那你也太容易上钩啦！"

又如：

女："这个蛋糕看起来不错。"

（女生暗示她想吃蛋糕。）

男："你今天的表现不乖哦……作为惩罚不给你买！"

女：（产生情绪波动。）

男："乖……给你买串糖葫芦吃吧！"

又如：

女："跟你去 ××（地名）玩儿，我有什么好处啊？"

男："听你的口气，似乎只要有好处，你挺容易被收买的嘛！之前我一直觉得你挺善良，挺单纯的啊，完了，现在你在我内心的高大形象瞬间坍塌了！"

又如：

女："最近一周，有一个帅哥总是缠着我，你说我该怎么办？"

男："那你也太不淡定了。我说出来你千万不要自卑，从小到大，缠在我身边的女生一直都有，时间一长你自然就习惯了。"

又如：

女："你为什么对我这么好？"

男："我敬你是条汉子。"

又如：

女："我发现我最近瘦了。"

男："你是不是近视度数又加深了？要我陪你去换副眼

镜吗？”

又如：

女：“假如我变胖了，变丑了，你还会喜欢我吗？”

男：“请自觉地把‘假如’去掉，并变成否定句。”

（4）推拉法

即采用先推后拉，或先拉后推的方式，在积极引导女生产生情绪波动的过程中化解掉女生的测试问题。

例如：

女：“你之前交往过几个女朋友？”

男：“目前没有，幕后倒是有几个。”

又如：

女：“你觉得我长得漂亮吗？”

男：“还不错哟……大概能打59.9分吧，还要继续加油哦！”

又如：

女：“你觉得我漂亮吗？”

男：“漂亮，跟我差不多。”

女：“你就不能回答得爽快点？”

男：“好的。漂亮！像个男的！”

又如：

男：“笑一个，我不想看到你难过的样子。”

女：“心疼我啊？”

男：“不，你哭起来样子太丑。”

又如：

男：“感觉你好像桃子呀！”

女：“真的吗？讨厌。”（害羞的表情。）

男：“一脸毛。”

又如：

女：“现在电视剧里老出现婚外情的桥段，你说如果咱俩结婚了，你会出轨吗？”

男：“不会。”

女：“为什么？”

男：“有你一个我就够后悔的了，决不能再要第二个。”

化解废物测试是男生在处理两性关系中难免会遇到的课题，如果处理得当，这对双方关系是一次很好的促进，否则就容易产生不良影响。因此，希望男生们对此引起重视。

想顺利通过这一测试，除了可以灵活运用上文为大家提供的一些范例，你还必须在和女生的聊天过程中，及时了解她们的核心需求，找到她们能承受的底线，以求在破解废物测试时，能够游刃有余地巧妙展现自己的高价值，进而让自己对女生产生更强烈的正面吸引。

注意事项

女生的废物测试有时并不友好，甚至可能带点挑衅的意味，但如果你因此生气或直接以侮辱的方式“回敬”她们，那就太糟了。你的口不择言会直接破坏掉你们刚刚建立起的亲密感，甚至完全摧毁彼此继续下去的可能。

在回复女生测试的问题时，要尽量避免采取“是”或“否”等简单回答，应该主动寻找机会争取得到聊天框架的主导权。

面对女生的废物测试，在话题的转变上要做到适度，要让女生感觉你是在认真对待她的提问，不能完全顾左右而言他。

废物测试其实是一把双刃剑，如果男生方法得当，就能将原本单一的被动回答问题转变为彼此进行双向互动的游戏，这能让你们的关系快速升温。

用故事“征服”她

L e s s o n S i x

在面聊的任何阶段，除了要掌握那些常用的惯例、技巧，更关键的是要将你自身的特点展现出来，让女生看到或听到你对生活、工作的态度，对两性关系的看法，与亲朋好友的亲密度，从而了解你真实的性情，知道你的价值观。

以上内容，需要通过开启新话题、增强彼此间的联系感和舒适感、升级双方关系来实现。而在整个过程中，能够提升男生面聊技能的最重要的一个方法，就是男生要学会讲好一个故事。

好故事应具备的几个条件

（1）内容要有可信性

这里讲的可信性，指的是故事内容是按照合理的情况表达出来的，甚至带有大量细节描述，可以是你亲身经历的故事，也可以是从别处听到、看到并加以改编的故事。

例如：

> 男：“我还记得那年我去丽江旅游时的心情，兴奋、紧张、好奇……还有点孤单失落和些许疲惫吧！我拖着一个大箱子，在漆黑的、下着小雨的夜里，一个人走进了一间客栈。那间屋子干净、安静，地面铺了地毯，环境非常舒适！我放下行李，赶紧冲进卫生间洗澡。听着楼下老板播放的舒缓音乐，那一瞬间，我真有种物我两忘的感觉。也就在那一次，我爱上了下着淅淅沥沥雨的丽江。”

（2）植入有价值的内容

你讲的故事应该体现什么价值？这一阶段，我们需要的是从一系列故事中侧面体现你的内在品质和优秀的生活方式。

① 这些价值包括：

a 被其他女性认可；

b 保护爱人的意愿和能力；

c 幽默；

d 冒险精神；

e 有爱心；

f 得到朋友认可。

② 比较容易体现以上特质的故事框架：

a 旅行与生活状态；

b 守护某样重要东西时付出的努力；

c 令自己感到自豪的小成就。

③ 你可以遵循以下线索去搜索自己的人生：

a 和某个女孩一起做过的有趣事情；

b 做了一些你可以选择不做、甚至该躲开的事情；

c 在旅行的时候有过什么有趣、惊险或令人激动的事情；

d 掌控或完全“hold”住了一个什么样的局面；

e 为了维护某个人而勇敢地站出来；

f 组织过什么很有价值的活动；

g 鼎力支持过什么人；

h 化解了什么样的尴尬场面；

i 做过什么让别人感动或很暖心的事情；

j 做过什么无意识的好事；

k 完成过什么令你倍感自豪的事情；

l 见识过什么有趣或恐怖的东西。

例如：

男："我们领导真是太'厚爱'我了。我好几个同事天天闲在那里没事干，我手上一堆活儿还又被安排了一个重大项目。现在我忙得连跟你聊天的时间都得靠'挤'才能有了。"

再如：

男："三年前我刚毕业，有一次跟哥们儿逛街买东西，突然看到马路上有一个小偷在掏一个姑娘的包，姑娘浑然不觉。我俩当时想也没想就冲上去抓小偷了，小偷受到惊吓，拔腿就跑。我跟我哥们儿一路追啊，追了三条街才追上他。最后警察来把他带走了。小偷特别郁闷，说没想到我们这么能跑。哼，他哪儿知道啊，我跟我哥们儿都是跑过'半马'的人。"

（3）凸显真实的自我

不要总想着在女生面前树立自己的"英雄"形象，你要做的是给她展现一个真实的自我。在你所讲的故事中，主动且适时提及一些让自己看上去"不完美"的细节，这样能让你的个人形象更丰满、更真实，也更有人情味。

例如：

男："其实，我觉得有时候我的脾气也不大好，尤其是遇到一些欺负弱小的事，总是想站出来说些什么、做些什么。很多人说不能惹事儿，但如果大家都这么想，这个社会就太令人失望了。”

（4）具有互动性和想象空间

不要跟女生讲那些她们无法获得体验感的故事。好的故事，能够与对方在情绪上产生共鸣，最好是她有过同样的经历，或者有一定的想象空间。另外，通过讲故事，帮助她积极参与到你设置的互动框架中，这样更有利于巩固你们之间的关系。

例如：

男：“我有一个好朋友，特别喜欢吃旋转寿司自助餐。他只想吃生鱼片，可是很奇怪，每次生鱼片转过来的时候，他会把生鱼片拿走，同时把之前取的寿司再放回转盘里。我不知道他为什么要这么做，但这给了我不好的预感。就像恐怖电影里的那种低沉音乐一样——不好的事情就要发生了，但你还不知道什么时候会出现，你能体会这种感觉吗？果然，餐厅经理发现了，他开始对我们咆哮。我很尴尬，同时也在努力使自己不要笑出声来。你有过这样的感觉吗？”

又如：

男：“你喜欢猫咪啊，我喜欢金毛犬。我想你刚刚把小宠物带回家的时候，一定也跟我一样，又兴奋又紧张——开心家庭新成员的加入，又担心照顾不好它，你是这样的吗？”

又如：

男："我给你讲一段我的情感经历吧！"

女："好啊！"

男："她算我的第一个女朋友吧，是我的学姐，我追的她。她答应跟我在一起的时候，我真的觉得好幸福。我特别珍惜她，加上我有些大男子主义，我俩在一起基本花销都是我一个人付。"

女："嗯，然后呢？"

男："那个时候家里知道我有女朋友了，也比较支持，所以在金钱上我没遇到过什么困难。只是，过了一段时间，我一个哥们儿私下跟我说，说她跟其他男生也走得很近，还说她曾跟别人炫耀，我就是她的一张'长期饭票'。哥们儿建议我试试她，让我下次买东西时故意少掏几块钱，让她付，看看她的反应。"

女："那你这么做了吗？"

男："我那时候傻啊，没把哥们儿的话当回事。只是后来有一次，她要坐火车出远门，我带着她去超市里买零食，付款的时候我正好差几块钱零钱，也没多想，就让她看看钱包，有的话她就把这几块钱付了呗！谁知她就因为这个跟我在人来人往的超市里吵起来了，说我小心眼儿，跟女生斤斤计较。天地良心，自从跟她在一起以后，这是我第一次主动让她掏钱啊！我当时，怎么说呢，真是有种凉水浇头的感觉。后来又发生了几件事，我就真的明白了，她确实只把我当成了一张‘饭票’！”

女：“哎，你可真傻。”

男：“谁还没掏心掏肺地爱上过一个不值得付出的人呢！”

女：“傻瓜。”

又如：

男：“我妈刚刚打电话让我回去相亲。”

女：“那你去呀……哼！”

男：“怎么啦，吃醋啦？”

女：“才没有。”

男：“我妈特别喜欢给我找小姑娘，只要看见她觉得好的，就想着要介绍给我。我真的特别无奈。你知道最夸张的一次是什么吗？”

女：“什么？”

男：“她招了一个小秘书，用半年时间对人家进行各种考核，看她是不是适合当我的女朋友。小姑娘啥也不知道啊，就这么无意识地过关闯将，最后考核通过了，我妈就跟她郑重地说要介绍给我。”

女：“然后你就去相亲了？”

男：“那倒没有。虽然小姑娘是挺优秀的，但我的女朋友我要自己找，我还是喜欢你这种温柔可人型的。”

女：“哼，算你有眼光。”

男：“这你都信啊，哈哈……”

又如：

女：“你喜欢什么类型的女生？”

男：“要听实话吗？”

女：“当然啦！”

男：“其实我觉得我有一点儿恋母情结。我有个秘密从来没跟人说过，我上学的时候暗恋过我们的高中英语老师，当时她三十多岁，特别有味道……整整三年时间，每次上英语课都是我最幸福的时候。”

女：“天啊！师生恋啊！最后你跟老师表白了吗？”

男：“怎么可能啊！人家孩子都可以打酱油了。爱情总是伟大的，虽然她都不知道有一个人这么喜欢她，但因为她，我上英语课特别认真，成绩在班里也最好，当了三年的英语课代表。”

通过练习提升面聊技能

（1）练习用词库

酒吧、小学六年级、血、部队、书、绝望、日本、海滩、鬼、灵魂、大象、衣柜、椅子、树、老鼠、好朋友、北京、篮球、游泳、手掌、大雨、尺子、音乐、友谊、院子、农村、弓箭、枪、迈克尔·杰克逊、纽约、八卦、孤单、旅行、坐船、单车、校内、公司、电影、电话、手机、帅、塔、谷歌、百度、圣诞、DVD、神、城堡、香蕉、扑克、笔记本、大海、地理、上海、棒球、公园、卫星。

用词库里的每一个词讲一个故事。故事不能是完全编造的，最起码要有部分真实的内容。

（2）练习步骤

练习 1：在上面的词库里随便找出 10 个词，就每一个词讲述一个 1 分钟的小故事，练习过程中不能有任何停顿。直到你感觉这个故事讲得自然、顺畅，再接着进行下一步骤。

练习 2：从词库里随机选出 5 个词，或者挑选你身边的 5 种物品，运用第一步使用的技巧和方法，讲 5 个长故事，且在其中加入引导语和框架，直到你能轻松地在任何一个故事中顺利加入引导语，加入 1~2 个框架后，再进入下一步练习。

练习 3：拿出一张纸，写下你最喜欢谈论的 5 个话题，然后就每一个话题编写一个故事，但这个故事应该具备一定的真实性，并满足背景植入要求，要有合适的切入点， 能够在情感上进行连接，还要有一定的引导语与框架功能。不断练习，直到能将全部故事轻松讲出来为止。

练习 4：在一次实战面聊中（至少应该准备 10 名面聊对象），至少加入一个练习 2 的故事，找寻合适的机会，成功做到 3 次后，进入下一步练习。

练习 5：在一次面聊中，至少加入一个练习 3 的故事，找寻合适的机会，加入你自己的故事，成功做到 3 次后，进入下一步练习。

练习 6：与一个你刚认识的女生面聊至少 10 分钟，在聊天的过程中，加入之前练习的故事，结束时可以对她说："我觉得和你聊天挺有意思的，改天一起喝杯咖啡吧，我知道有一家很不错的咖啡厅。"然后索要女生的手机号，至少收到 3 名女生的电话号码算成功。

以上练习全部完成需要花费 4~7 天的时间。

（3）额外挑战

练习 1：与 1 个陌生女生面聊一整夜（至少 2 小时），在此过程中不会感到无话可说的尴尬。

练习 2：依次和 3 个女生聊天且能够吸引她们的注意力，每次聊天至少能持续 10 分钟。

练习 3：真正能够建立联系感的聊天，是需要引导对方敞开自己心扉的。你需要至少做到 2 次，让刚认识的女生向你主动展示她的故事和过去。

第五章

那些聊天“大神”的约会技巧

纸上得来终觉浅，绝知此事要躬行。

不管你把话术惯例及使用技巧背诵得如何熟练，都不如亲自实践一次更有实际意义。

通过实战练习，你才能清楚明了自身的不足，才能深入了解女生的真实心理特征和行为模式。

扬长避短，及时弥补自身的不足，根据聊天对象的特点做有针对性的改进，不断完善自己的应对策略，不要害怕失败，而是勇于坚持，你才能在和女生的聊天中始终握有主导权，并达成预期效果。

本章就为大家介绍并解析一些在实战过程中常见的聊天范例，希望男生们能从中获得有益的经验和启发。

常规话术 VS 高情商话术

L e s s o n O n e

在和女生聊天的时候，男生在回答女生问题时采取的不同态度和方式，往往能产生不同的效果。

这里，我们选取 5 则常见聊天对话中的片段，解析使用常规话术和高情商话术之间的区别，以期拓宽男生们的思路，获得有价值的参考。

关于“见面”的话题

（1）常规话术

女:“如果我们见面了，我没有照片上长得好看，你怎么办？”

男：“没事，没事，我还是会喜欢你的。”

【解析】在此案例中，男生的回答会让女生感觉你缺乏魅力，男生答案透露出的信息似乎在说明，只要与他见面的是个女性，长成什么样都无所谓的。女生从这种回答中感受到的不是爱与欣赏，而是隐约透露出的某种无所谓以及其带来的不尊重。

（2）高情商话术

女:“如果我们见面了，我没有照片上长得好看，你怎么办？”

男：“那我可以和你妈妈退货吗？”

【解析】不要担心这样回答会惹恼女生（当然在具体聊天语境中，要考虑你们之间的关系发展程度和吸引力大小）。事实上，这种带有调侃性质的玩笑，会让女生觉得你有味道，有吸引力，甚至让她们产生想进一步靠近你、了解你的冲动。始终记住那句话：女人如猫。

关于“晚上有空”的话题

（1）常规话术

男：“这周六晚上有空吗？”

女：“没空。”

男：“那太可惜了，还打算这周六请你去听音乐会呢，那你什么时候有空啊？”

【解析】其实，女生的心理通常是这样的：当她最初拒绝一个男生邀约的时候，会引发一种惯性，就想不停地拒绝你，你的邀约越是强烈，她越是想拒绝。甚至很多女生很享受这个不断拒绝对方并给对方带来一定打击的过程。当她把对方的勇气和意志消磨光后，就会与更富挑战性的男生接触。

（2）高情商话术

男：“你周六晚上有空吗？”

女：“没空。”

男：“真巧，我也没空。”

【解析】当你的邀约被女生拒绝后，你需要展现出相应的拒绝姿态，进而“对她的坏行为做出一定的惩罚”，让她内心呈现出一种矛盾感觉。大多数女生都是害怕这种矛盾感的，尽管她当时不太可能对自己的言行做出修改，但是她很可能会在日后逐渐修正自己和你相处的行为模式。因为她意识到，拒绝你并不是一个好的选择。另外，这种“惩罚”也会让女生感觉你很特别。

关于“好色”的话题

（1）常规话术

女：“我觉得你‘好色’啊！”

男：“哪有啊，你误会我了，我不是那种人。”

【解析】实际上，当恋爱达人在和女生聊天的时候，不仅不会解释女生对他产生的任何误解，而且还会大胆承认。隐藏自己的缺点算是一种聪明，但是敢于暴露自己的缺点却需要真正的勇气。有时对女生而言，勇气比聪明更让她们着迷，更有吸引力。

（2）高情商话术

女：“我觉得你‘好色’啊！”

男："哈哈，我一向如此啊！不过我只对极品女生'色'，就像很多女孩看到长得帅的男明星会尖叫一样，这是人之常情啊！但是'色'也得有准则，对那些滥情的男人我是很鄙视的。"

【解析】主动暴露自己的缺点，并将它描述成有品位、有格调，真性情人才有的品质。很多女生会被这样真实的男生所吸引，觉得和他们调情是一种非常愉快的体验。

关于"表白"的话题

（1）常规话术

女："我喜欢你。"

男："真的吗？哈哈，我其实也对你有感觉，你有男友吗？要不我们试试在一起吧！"

【解析】在某些聊天场景中，假如女生主动对你表白，你不必急于拉近彼此间的关系。因为如果你非常容易地接受了对方的示好，女生可能会在潜意识中认为你之前的高价值展示或许都是伪装出来的，甚至有上当受骗的感觉。

（2）高情商话术

女："我喜欢你。"

男："嗯，可以，喜欢呗。"

女："哦，就没然后了？"

男："然后？什么然后？做我女朋友？"

女："嗯。"

男："嘿，丫头，你这是道德绑架啊！你喜欢我，我就一定要喜欢你吗？你喜欢我，那是你的事，我想不想让你做我女友，那是我的事。这样吧，你先说说你有什么本事，如果确实很适合做女友，我考虑考虑啊！"

女："我会做饭，会疼人，还会……"

【解析】在女生对你表白的时候，你需要在一定程度上"拿乔"。这会激起一些女生的好胜心，她们不仅不会认为你难以相处，反而觉得自己是在努力得到一个梦寐以求的奖品。为了获得你的欢心，她们愿意付出更多。当然，此类话术要根据你和女生之间的关系稳固程度灵活运用。

关于"分手"的话题

（1）常规话术

女："我们分手吧！"

男："不要啊，你这是干什么？我们这么相爱。"

女："我觉得我们不合适。"

男：“不行，我不同意。你要和我分手了，我一个人怎么过啊？”

【解析】在女生对你表示明确拒绝时，如果你一味地低声下气，或许能够让女生回心转意，但是你们之间的关系并不能从根本上得到改变，往后的日子里，只会让她越发厌烦和你在一起。

（2）高情商话术

女：“我们分手吧！”

男：“你考虑清楚了？”

女：“嗯，考虑好了。”

男：“好，那我尊重你的选择。可能你不需要，但是我给你三天考虑时间，这三天你如果回来，我们还可以继续往下走；如果过了三天，就算你想回头，就算我依然爱你，我们也绝不可能再在一起了。”

【解析】当女生提出分手时，你不要死缠烂打，请给她设置一个时间限制，让女生能在一种无形的压力下，谨慎思考你们之间的关系。

引爆全场的《非诚勿扰》男神

L e s s o n T w o

以下案例来自于2015年《非诚勿扰》的某一期节目。那期节目中的3号男嘉宾在现场为我们完美诠释了极具吸引力和高价值的话术技巧。

自信满满、简短有力的开场白

男嘉宾："大家好，我叫李××，来自H城，今年33岁……"

男嘉宾身穿皮衣，牛仔裤，马丁靴。这是标准的潮流搭配。牛仔裤腿上卷，传递出其对时尚的追求。

女嘉宾之一："男嘉宾长得又帅又高，我挺喜欢的……"

男嘉宾帅气的外表、简短有力的谈吐博得了在场所有女嘉宾的好感。

自我介绍时的"高价值"话术展示

（1）聊聊职业

男嘉宾："我现在在国内最大的语言培训机构担任部门总监。我热爱我的工作，它让我有很多机会和孩子们在一起，培养了我对家庭的责任感。"

这传达出男嘉宾从事的职业不仅有文化、有内涵，还帮助其养成了良好的内在品质，能增加在场女嘉宾的信任感和安全感。

（2）讲讲爱好

男嘉宾："我最大的爱好是旅游。我非常擅长制订旅游计划和攻略，曾经买到过199元人民币的国际机票，订到过699元的海岛五星级酒店……"

这传达出男嘉宾健康的兴趣爱好及聪明的头脑。

（3）偶尔吐槽

男嘉宾："我特别不喜欢跟团旅游，不喜欢每到一个景点拍张照片的旅游方式，我喜欢融入并感受当地的文化。旅行的意义并不是把记忆留在相机里，而是放在心里。"

展示独特的自我观点，对跟团旅行的吐槽观点很到位，能引起现场其他人的广泛共鸣。

（4）迎合女性的话题

男嘉宾："我有敏锐的味觉，旅行中品尝过的那些美食，我能吃出它的做法和调料。我有时也会自己研究一些创意菜，希望以后能跟我的另一半分享……冬天的时候，我还会自己做一些冰雕……我很享受创造每一件作品带来的成就感……"

品尝美食、研究创意菜、做冰雕等，此类丰富且有情趣的生活态度更容易赢得现场女嘉宾的好感。

巧妙透露情感经历

（1）故事脚本植入

男嘉宾："……20岁的时候……那时的她不顾自己是个弱女子，拼了命地为我出头，她只想让我知道男人应该有的担当……25岁的时候，一个大男人面对漏水的马桶，竟然不知所措，她跑过来，挽起袖子像个男人一样，不顾形象，解决一切。看到这样的她，我觉得遇到了一个踏踏实实的好女孩……"

分享过去的情感经历，展示自己不成熟一面的同时，也巧妙传递出自己感恩、懂回报的一面。

（2）自我反省

男嘉宾："……30岁的时候，我因为忙事业，经常开会而不喜欢接听任何电话，她总不能及时联系上我，我让她失去了该有的安全感，在她离我而去的时候，我才惊觉自己的错误。我想娶她，可已然错过。回想这些年，我错过了很多人，也被很多人错过，每一个人的前任，都让你我成长。如今的我已经成熟，已经准备好迎接一个同样成熟的你。”

描述自己在感情世界里的成长经历，通过自我反省，展现自己现在成熟、有担当的一面。

（3）合理解释分手原因

女嘉宾之一：“您一直想娶她，可到后面您为什么没有娶她呢？”

男嘉宾：“……由于那时家里发生了一些变故，父亲做生意失败了，我当时想的是能够让我未来的妻子拥有更好的物质生活，再加上家庭变故给我带来的打击，我心里也有了一些自卑，所以在关键的那一刻我放弃了。而我两年前的这段感情，正好处于我事业的爬坡期……工作几乎占据了我的全部生活，加上经常开会，所以我的手机几乎一直是静音模式，在她需要我的时候，我总是不能及时回应。所以就这样，我们错过了彼此……后来我反省了自己，其实这两段感情都是在一个不对的时间里遇到了一个对的人。”

跟女朋友分手，一定要找一个合适的分手理由。与初恋分手是因为父亲生意失败，导致家庭环境差，为了她的幸福，男嘉宾放弃了。与第二个女朋友分手是因为工作太忙，根本没办法培养稳定的感情。男嘉宾的表达简短、真诚，情节描述合情合理。

畅想未来生活

（1）规划浪漫的未来

男嘉宾："四幅画代表了四季，是我想带着未来的女朋友（妻子）去的四个地方，希望四季能见证我们美好的爱情。还有同心锁，我希望把我们永恒的记忆留在那个地方，让世界来见证我们爱情的结果。"

男嘉宾设计了四幅画——要和未来妻子去的四个地方，分别代表了不同的含义。他还提到了同心锁，展现了自己对永恒爱情的追求。

（2）完美结束故事

男嘉宾："第一个地方，我想带她去埃及，我希望她穿着石榴裙，我站在埃及金字塔下，向她表白我对她、对爱的憧憬；第二个是玻利维亚，天空之城，我希望这种天地之间的融合能够映射我们在爱情里的纯真；第三是大溪地……第四是哈尔滨，我们总会找到爱的归途，我希望我们的爱能回家，我们能徜徉在中央大街，我希望那一刻，我能向她求婚。”

男嘉宾通过描述这四个地点及其蕴含的爱情意义，调动女嘉宾情绪，最终与女嘉宾成功牵手。

个案分析总结

男生无论自身什么条件，与女生面聊时的高价值展示工作（穿着、谈吐、个人职业经历和情感经历等）一定要做足，这样才能对女生产生强烈的吸引力。

学会故事脚本植入，无论是旅游、美食还是情感话题，都要让话题变得合理、完美。当然，可以在故事中适当加入一些自身的敏感面，使你看上去更立体、更真实，更容易接近。

不要在女生面前炫富，不要夸大自身优点，表达上要得体且成熟稳重，让你的经历看上去有趣、接地气。

聊天框架下的超级控场能力

L e s s o n　T h r e e

在男女相处过程中，搭建聊天框架是一种非常有用的技巧。

如果你的框架足够强，那么女生就会跟随你的节奏，进入你设定好且对你有利的聊天框架中；如果你的框架太弱，那么女生就会对你产生怀疑和不信任感，甚至会下意识地拒绝你。

话题范例一：强制性聊天框架植入

男：“这个月我真是太幸运了，公司的一个大客户已经被我搞定了……”

女：“那祝贺你，得请吃饭啦！”

男：“今天晚上我们部门要在兴隆酒店为我庆功。”

女：“哦……”

男：“一会儿下班你回家换身衣服，打扮得得体一点。我开车去接你。”

女：“你要带上我？”

男：“今天不谈工作上的事情，就是单纯吃饭。领导说可以带上家属的。”

【解析】在这个框架中，男生强势主导聊天进程，不被女生情绪左右，聊天路径是按照男生的意愿去拓展和延伸的。

话题范例二：冷读术聊天框架植入

男：“你为什么不用自己的照片做头像呢？”

女：“因为长得不漂亮啊！”

男：“你有点不自信啊，说实话，你那些照片真挺好看的。”

女：“是吗？”

男：“其实，你的样貌在女生中绝对是中等偏上的。你之所以不自信，我觉得可能原因是：第一，你不喜欢别人只看重你的外貌；第二，对自己的某些特质不喜欢。”

女：“好像有点吧……你是学心理学的吗？”

男：“不算心理学，我的职业是情感咨询师，是不是觉得有点奇怪？”

女：“是有点儿。”

男：“那我给你讲讲我为什么选择这个行业吧！”

女：“好呀！”

【解析】以冷读引起女生情绪上的波动，同时对女生进行积极肯定，让她在你搭建好的话题框架内与你保持聊天互动。另外，利用女生的好奇心，让聊天框架变得丰富有趣。

话题范例三：温和型聊天框架植入

男：“早！”

女：“起这么早啊！”

男：“你也是啊？”

女：“我可没那么早，身体不舒服，睡不着而已啊！”

男：“那去医院看看医生。”

女：“已经看过了。”

男：“不能放弃治疗啊！”

女：“哈哈，说得我好像得了绝症一样。你能盼我点好吗？”

男：“好，现在起床，换好衣服，我带你去一个能立马忘却病痛的地方。”

女：“什么地方？”

男：“说出来就不灵了，不过，我可以说个线索。”

女：“快，说说你的开头。”

男：“我决定开车带你去长安街……到时你把头伸出窗外，大喊一句‘同志们辛苦了’！”

女：“哈哈……这么聊天感觉心情好多了。”

【解析】在和女生聊天的时候，你也可以尝试用温和的命令式语气主导整个聊天框架。你要把你的自信、坚韧、幽默等性格特点表现出来。需要注意的是，在这种聊天框架下，假如话题脱离了你的主导，女生可能会把一段愉快的聊天变得平淡无奇，最后还可能会把责任都推到你的身上。

话题范例四：测试型聊天框架植入

男：“咱们来做一个游戏……立方体测试听说过没有？”

女：“没有。”

男：“你想象力怎么样啊？”

女：“还行吧！”

男：“那就好。现在你闭上眼睛，想象你的面前有一大片沙漠，沙漠里有一个立方体形状的箱子……你通过想象告诉我这箱子有多大，是什么颜色，透不透明？”

女：“嗯……不透明，是个木箱子，跟行李箱一样大……箱子周围有个梯子。”

男：“梯子和箱子是什么位置关系？”

女：“没多大关系……没关系。”

男：“好，箱子周围有一些花，花的数量多吗？”

女：“不多……就围着箱子有一圈嘛！”

男：“嗯，箱子旁边有一匹马，马是什么形态？”

女：“站着的。”

男：“具体点儿。”

女：“那匹马就站在箱子旁边，转来转去的。”

男：“好……慢慢睁开眼睛。这个测试结束了。”

女：“说说你都能从里面看出什么来？”

男：“你先喝点儿东西，缓一缓。那个箱子其实就是你内心的自己，箱子的大小代表自信的程度，所以能看出来你不太自信；你的箱子不透明，说明你喜欢隐藏自己的感情，不愿意和人分享你的真实想法；箱子周围的梯子是说你的家人，你的梯子和箱子没关系，你和家人之间可能出了些问题；花儿代表你的朋友，看来理解你真实想法的朋友很少；这匹马寓指你的理想伴侣，这么看，你的理想伴侣还没出现啊！”

【解析】设置测试型聊天框架的重点在于，你的解释要让女生觉得有一定的道理，不需要非常准确，只要有一部分内容能暗合女生的心理即可。这样一来，女生就能在你设置的框架内与你建立合适的情感链接。

话题范例五：“反框架”的解决方法

案例一：

男：“我们一起去看电影吧！”

女：“为什么要和你一起去？我们又不熟。”（这是女生为你搭建出的框架。）

男：“你不和我出来，怎么会有一起‘煮熟’的机会？”

案例二：

男：“我们去吃日本菜吧！”

女：“日本菜有什么好吃的，还是去吃韩国菜吧！”

男：“那个日本餐馆的老板我很熟悉，今天特意给咱们安排了最好的位置，还是先吃日本菜吧！”

女：“那好吧！”

【解析】在以上两个例子中，男生首先提出了强框架，但女生相应地提出了“反框架”，此时如果你试图去解释“和女生很熟的原因”或“吃韩国菜的坏处”，那么你

自然就落入了女生的聊天框下之中；如果你强行推行自己的框架，也可能会使聊天的氛围、情感链接被破坏掉。正确的做法就是利用女生框架中的漏洞，或是曲解，或是对有利于你的元素进行价值展示，重新找回对框架的主导权。

附录1

适合与女生深聊的50个绝佳话题

工作、生活和你我

①我哪一点最吸引你？

②私底下，你是如何向别人描述我的？

③你第一次吻我之前在想些什么？

④我第一次把你约出来的时候，你考虑过拒绝我吗？

⑤我们第一次“坦诚相对”的时候，你有担心过什么吗？

⑥初吻是几岁？

⑦如果你能够改变我的一个方面，那会是什么呢？

⑧我做的哪道菜你已经吃厌了？

⑨你最希望我向你坦白什么？

⑩你做过的最疯狂/最危险的事是什么？

⑪你最好的朋友/同事/闺蜜/是谁？为什么？

两性、婚姻和爱情

①当你看到一个美女/帅哥，你最先注意的是她/他的哪一个部位？

②我不说，你怎么知道我想亲热了呢？

③你认为多长时间亲热一次合适啊？

④你与有妇之夫约会过吗？

⑤有没有在没人的时候偷看不健康的东西？

⑥如果你喜欢的人在你面前喝醉了，你会做一些“邪恶”的事情吗？

⑦讲讲你曾经爱过/恨过的人好吗？

⑧有没有偷偷跟踪过自己喜欢的人？

⑨你认为夫妻双方应该财务独立吗？/你认为谁来掌握经济大权比较好？

⑩你认为婚姻中个人应该有多少独处的时间？

父母和家庭

①你父母对你进行过性启蒙吗？或者你是自学的？

②能谈谈你父母的婚姻吗，你感觉最美好和最糟糕的分别是哪一部分？

③你父母家，谁在管钱？

④你打算如何赡养年老的父母？

⑤你觉得有必要把父母送进养老院吗？

⑥你第一次见我父母/兄弟姐妹/亲戚时，有什么感想？

成功和励志

①你想过自己创业吗？

②假如你的生活陷入困境，你会向谁请教？/假如你飞黄腾达了，

你最想回馈谁？

③你为什么要选择现在这项事业 / 这个机会 / 这个团队？

④你今后 6 个月 /1 年 /3 年的目标是什么？打算如何实现？

⑤你是否实现了年初制定的目标？

⑥你最希望自己在哪一方面获得改变？

⑦让人成功的因素有哪些？谈谈你对成功的理解吧！

⑧你对自己的受教育程度 / 学历 / 专业技能感到满意吗？

生活和休闲

①你最欣赏哪位明星 / 最爱看哪类新闻 / 最爱听哪类笑话？为什么？

②你常用的时尚品牌 / 购物网站 / 社交软件是什么？感觉如何？

③如果可能，你最想住在哪儿 / 去哪儿旅行度假？为什么？

④你喜欢 / 不喜欢什么动物 / 植物，为什么？

⑤如果你捡到一个钱包 / 漂流瓶 / 遗弃的孩子，你会怎么做？

⑥最近读了哪本书 / 看了哪部电影 / 练了哪种舞蹈？觉得怎么样？

⑦你认为动物 / 植物有灵魂吗？

⑧你养大过宠物吗？最爱哪一只？

杂七杂八

①你相信星象 / 风水 / 预言吗?

②你相信鬼神真的存在吗?

③如果你中了彩票，会做什么呢? / 还会继续上班吗?

④在现实中，什么事情会让你快乐 / 忧愁一整天?

⑤你遇到的最后悔 / 满意 / 顺利 / 愤怒 / 害怕 / 有希望的事是什么?

⑥你的家 / 宿舍 / 公司 / 朋友圈里最大的“公开秘密”是什么?

⑦你认为何时该保守秘密? 为什么?

附录 2

瞬间打动芳心的经典话术

男:“我一个哥们儿浪漫得像诗人,可是她女友每次都让他冷场。”

女:“怎么会有女人不喜欢男人浪漫的,不会吧?”

男:“那次我哥们发浪漫短信给女友:你在干吗?在做梦吗?把梦传给我;在笑吗?把笑发过来;在哭吗?把你的眼泪发给我,让我一起悲伤。他女友回复:‘我在上大号……’”

女:“哈哈……”

男:“早上听到一首歌,觉得好好听,可我就是想不起歌名了。”

女:“你记得歌词吗?”

男(哼唱):“洁白的婚纱,手捧着鲜花,美丽得像童话,想起那年初夏……”

女:“我知道,叫《我们结婚吧》。”

男:“好!就这么说定了!”

男:“今天我犯‘二’了。”

女:“怎么了?”

男:“我在公交上给一位孕妇让座,她疑惑地看了看我,忽然明白过来,哭笑不得地说:‘谢谢你啊,我这是胖!’”

女:“好尴尬啊!”

男：“我发现取钱的时候挺郁闷的！”

女：“为啥？”

男：“每次去 ATM 取一百元的时候，提款机发出的点钞声音就好像要给我几万块一样。”

女：“哈哈，我也发现了。”

男：“我从小就很机智。”

女：“切！没看出来。”

男：“我记得有次小学期末考试，还有一分钟就交卷了，我突然发现自己没写名字，但当时有点着急竟然一时忘了自己叫啥。我灵机一动，反手就给了我同桌一巴掌，他顿时大叫：‘老师，× × 打我！’然后我就顺利想起了自己的名字！”

女：“哈哈，你真坏啊！”

男：“刚刚被人骂了，为什么我心里反而很开心。”

女：“骂你什么了？”

男：“‘你以为你长得帅就了不起啊？’”

女：“哈哈……”

男：“我哥生了个儿子，前段时间他一直在教他儿子说话。昨天我去他们家，他儿子终于会了，现在见人就说话。”

女：“说啥呀？”

男：“‘叫爸爸！’”

女：“哈哈……”

男：“我小时候有一个梦想。”

女：“什么梦想？”

男：“我要拯救世界，结果我错了。”

女：“怎么错了？”

男：“长大了，我才发现整个世界都拯救不了我。”

女：“哈哈……”

男：“现在的小孩儿都学坏了。”

女：“怎么了？”

男：“下班从超市买完东西出来，有一个两岁左右的小男孩不小心踩了我一脚，他马上奶声奶气地跟我说‘对不起’。我看他挺可爱的，就顺手给了他几颗糖。他接过糖后看了我一眼，迟疑了一下又踩了我一脚。”

女：“哈哈……”

男：“我学摄影的，要不我教你怎么拍照好看吧？”

女：“真的啊，好啊！”

男：“嗯，首先……你得……长得好看。”

女：“你是故意的。”

女：“你是不是喜欢我啊？”

男：“其实刚开始没，不过你这样一说，我突然对你有点意思了。”

女：“为什么？”

男：“因为我欣赏你这种恬不知耻的勇气啊！”

男：“你喜欢哪个男明星？”

女：“吴亦凡。”

男：“你叫我小名干吗？”

女：“真不要脸！”

男：“给你出个选择题，你必须给出答案。”

女：“好啊！”

男：“请问你喜欢我吗？A. 是的；B. 选 A；C. 选 B。好了，选吧！”

女：“你真坏！”

女：“你结婚了吗？”

男：“我儿子已经三岁了，虽然你很喜欢我，但是你死心吧！”

女：“哎呀，你想啥呢，我不是那个意思。”

男：“哦，我儿子真的三岁了，要不我让它给跟你说句话？”

女：“算了，不用了。”

男：“你太紧张了，我儿子是我家萨摩耶呀！”

男：“如果我们死后要喝孟婆汤，你会跟孟婆说什么？”

女：“（女生说了自己的想法）……那你呢？”

男：“不要香菜和葱花，谢谢。”

女：“哈哈……”

男：“你会不会讨厌我？”

女：“不会啊，怎么这么说呢？”

男：“我记得你说过，你不喜欢帅哥。”

女：“不要脸。”

女：“糟啦，我发现我有点儿喜欢你了。”

男：“那你还不缴费。”

女：“什么费？”

男：“排队啊，你不知道喜欢我的人已经从天安门排到巴黎圣母院了吗！”

女：“哈哈……自恋！”

男：“亲爱的，如果你最近缺钱，就告诉我。”

女：“好啊，么么哒！”

男：“嗯，楼下搬砖的缺人，我和工头熟，到时候介绍你去。”

女：“……”

男：“你能陪陪我吗？”

女：“怎么，你寂寞了？”

男：“我的女邻居搬走了！我非常失落。”

女：“喜欢人家啊？”

男：“因为她的 WIFI 从来不设密码。”

女：“好邻居啊！”

男：“哎，好烦。”

女：“怎么了？”

男：“刚刚我妈打电话叫我回去相亲。”

女：“那还不好，回去呗！”

男：“你明明知道我心有所属了。”

女：“谁啊？”（害羞的表情。）

男：“范冰冰啊！”

女：“你爱我吗？”

男：“爱，而且会爱很久很久。”

女：“多久呀？”

男：“爱你爱到灰太狼把羊村的羊都吃完的那一天。”

附录 3

约会经典场景及技巧分析

appendix3

约会讲究流畅自然，切记不要在现场游戏中生硬地使用惯例。这很可能会让你的约会迅速陷入尴尬的境地，你要对你约会惯例非常熟悉，然后在现场游戏中流畅使用，这样才能发挥它们的作用。

约会篇

（1）你、你、你

让女生集中注意力，你快速说一句话，让她说出这句话的第一个字。她说了之后，你立马再说下一句话，以此类推。然后你忽然用“你老公是谁”这样的问题去逗她。

举例：

①双层汉堡最好吃（双）

②土豆卫视不好看（土）

③刚刚的服务员帅不帅（刚）

④西红柿好不好吃（西）

⑤外面那只狗狗可爱不（外）

⑥你老公是谁（你）

女生玩蒙了后，当你问“你老公是谁”“你最爱谁”这样的问题时，她都会说是“你”。

（2）互动游戏

男："游戏规则很简单，我问你五个简单的问题，你的回答不能是真实答案，比如我问你'喜欢男人还是女人'，你就得回答'女人'。"

女："懂了。"

男："输了的人要听赢的人指挥。"

女："好的。"

男："第一个问题：我长得帅吗？"

女："帅，哈哈！"

男："第二个问题，你喜欢我吗？"

女："喜欢。"

男："看来我要提高难度啊，我问了几个问题了？"

女："三个。"

男："哈哈，你输了，想想怎么惩罚你才好啊！"

（如果这个时候女生没有上当。）

男："看来我要提高难度啊，我问了几个问题了？"

女："五个，哼，别以为骗得了我！"

男："厉害呀，那你以前玩过这个游戏？"

女："没有，第一次玩儿。"

男："哈哈，你输了，想想怎么惩罚你吧！"

女："讨厌，这也算啊！"

男："愿赌服输啊！"

（3）爱情水惯例

男生和女生在餐厅里约会。

男：“你知道，水是有魔力的。”

女：“怎么说？”

男：“从前有个科学家，他把一瓶水冻成冰，用显微镜观察记录水的结晶体；接着他又倒了一杯水，对水说‘我爱你’，把水冻成冰后再观察记录。最后，他发现两杯水的结晶居然完全不一样。”

女：“你知道的还挺多啊！”

男：“当然，我还知道你喝的那杯水被我下了魔咒，喝了它的人，最后将爱我到不能自拔。”

女：“哈哈，你少糊弄我。”

（4）大鲤鱼惯例

当你和女生并排坐的时候。

男：“你知道吗，我今天遇到了一件奇怪的事。”

女：“什么事？”

男：“我在大马路上看到这么大一条鲤鱼。”

（边说边把手臂张开，张到最大，最后抱住她。）

（5）唇彩惯例

在和女生建立起一定的信任感和安全感之后。

男："你平时擦唇彩吗？"

女："擦呀，怎么了？"

男："那你看看我今天擦的是什么？"

（当女生把头探过来的时候，你就可以去亲她的额头了。）

（6）超市惯例

一般约会的时候，很少有男女生特意一块儿去超市的，因为去超市采购会给人一种家人或情侣的感觉。所以如果男生特意带女生去超市，会给女生制造出一种你们是情侣的暧昧感，从而提升你们之间的关系。

去超市之后，你可以让女生推着车，你挑东西，然后两个人位置互换，增强彼此间的互动性。

（7）水果店惯例

和女生吃完饭，在街上溜达的时候，你要无意间逛到水果店去，买那种需要削皮的水果，如苹果、梨等。之后，你可以借削水果皮的机会带女生做进一步的互动。

牵手篇

（1）牵手惯例

男：“问你个问题。”

女：“什么问题？”

（上前牵着她的手。）

男：“我牵你是什么感觉？”

女：“没感觉。”

男：“冷血动物！”

女：“哈哈……”

（2）闭眼游戏

男：“你相信我吗？”

女：“相信啊！”

男：“真的假的？”

女：“肯定是真的啊！”

男：“那我们来做个游戏吧！”

女：“怎么做？”

男：“你闭上眼睛，我牵着你从这里走500米，然后再换我闭眼，你牵我。如果你在我牵你的过程当中睁开了眼睛，被我发现了，你将接受我的惩罚，我也一样。”

女：“好吧，谁先来。”

（3）过马路牵手

大胆地牵着女生的手，用强势的语气：

男：“小心点儿！”

女：“哎呀，知道啦！”

男：“我是怕你把人家车撞坏了。”

（等着女生的粉拳吧！）

（4）拇指角力惯例

这个游戏不限时间与场地，是用来缓解尴尬气氛的利器。

首先双方伸出右手，然后除大拇指外的其他四个手指紧扣，再用大拇指对决，谁能够把对方的大拇指按在下面，谁就赢了。输了的人接受惩罚，惩罚自定。

（5）一分钟牵手惯例

男：“把你的手借给我一分钟。”

女：“干吗？”

男：“不要问那么多，只是一分钟，又不会少块肉。”

女：“好吧，只是一分钟哦！”

（如果对方和你争论这件事，不用理她，直接强硬地把她的手牵起来。）

男："我听人说，两个人第一次牵手就能决定他们能走多远。"

女："什么意思？"

男："因为恋爱这件事多数时候是男生主动，所以男生肯定是喜欢女生的，但是女生却不一定。如果在牵手的时候，女生的手像男生的手一样握得很紧，说明她在意这个男生，但如果女生的手握得很松，则一般会有两种情况，一种是女生经常被男生握着手，她知道男生会抓紧她，所以她不需要握得很紧，另一种是她并不喜欢这个男生。"

女："哈哈，还有这种说法？"

男："咱俩这种（拿起对方的手看看），我觉得会走得很远吧！"

说完话就放开对方的手，这会在女生心里制造一个情绪波动，你可以过一会儿再牵起她的手。

如果女生的手是我们说的那种握得很松的，就用下面的方式应对：

男："说说吧，你是哪种？"

女："哈哈，我也不知道。"

男："哪种我都不喜欢，握紧点吧！再紧点，乖啦！"